넥타르와 암브로시아

Nektar und Ambrosia
by Klaus E. Müller ⓒ Verlag C.H.Beck oHG, München 2003

Korean Translation copyright ⓒ 2007 Antiquus, Seoul

The Korean edition was published
by arrangement with Verlag C.H.Beck oHG, München, Germany
through Literary Agency Greenbook, Seoul

이 책의 한국어판 저작권과 판권은 저작권 에이전시 그린북을 통한
저작권자와의 독점 계약으로 안티쿠스에 있습니다.
저작권법에 의해 한국 내에서 보호를 받는 저작물이므로
무단 전재와 무단 복제, 전송, 배포 등을 금합니다.

먹고 마시는 것에 관한 인류학적 기원

넥타르와 암브로시아

클라우스 E. 뮐러 지음 | 조경수 옮김

안티쿠스

차례

머리말 _ 6

1. **열매와 야생동물 고기** _ 10
   채집수렵 민족들은 완전 영양식을 누렸다

2. **죽과 빵** _ 18
   '종신토록 수고하여' 경작한 식물을 먹다

3. **민중의 음식** _ 42
   빈자와 부자의 일용할 양식, 죽과 스튜

4. **신들의 음식** _ 54
   영원한 젊음과 불멸을 보장하는 넥타르와 암브로시아

5. **부활절 어린 양** _ 78
   살과 피로 동물의 영혼과 신비적 교감을 이루다

6. **식탁 문화** _ 99
   나눔의 의무, 결합의 의식, 손님 환대의 의미에 관하여

7. **남자들의 식사** _ 123
   먹고 마심은 처세의 문화, 또는 정치경제학의 산실

8. **소박한 가정식** _ 143
   '낯선 사람이 요리한 것은 절대 먹지 마라!'

9. **식탁과 침대** _ 155
   섹스에 담긴 식음의 상징적 의미

10. **치료제** _ 166
    먹거리의 주술적 효능과 새롭게 평가되는 식이요법들

11. **요리기술의 역사** _ 189
    최초의 유명한 요리책들은 남자들이 썼다

머리말

빵을 쪼개어 입으로 가져갈 때 우리는 얼마나 많은 역사가 이 동작에 결부되어 있는지 잘 모른다. 먹고 마시는 것은 '제1세계'의 사람들에게는 당연한 일이 되었다. 요즘 음식과 관련해 있을 법한 문제라면 아마 손님을 초대할 때 요리를 선택하거나 메뉴를 짜느라 하는 고민 정도일 것이다. 또 최근에 다시 불거지는, 어떤 음식은 '유해물질'이 들어 있어서 먹기에 부적당하다는 경고들도 우리의 골치를 아프게 할지 모른다. 그러나 우리가 이렇게 먹을 것 걱정 없이 살게 된 것은 불과 몇십 년밖에 되지 않는다. 나는 아직도 제2차 세계대전의 종전 무렵 사료용 무 반 개로 하루 끼니를 때우고 우유 부족이 심각한 질병을 야기했던 시절을 기억한다. 나중에 민족학자가 되어 강좌에서 식량 문제를 다룰 때마다 내가 무슨 얘기를 하고 있는 것인지 대충은 실감하면서 이야기한다.

'근대'와 '전근대' 사이에는 음식 문화에서도 하늘과 땅만큼 큰 차이가 있는 듯하다. 그러나 **공동의** 역사는 우리가 생각하는 것보다, 혹은 노르베르트 엘리아스가 근대의 시작과 더불어 식탁에서도 '문명'의 시작을 나타내는 결정적인 전환점을 정해야 한다고 말했을 때 상상했던 것보다 훨씬 더 우리 모두를 결합시키고 있다. 궁핍한 시대에서 풍요로운 시대로, 조잡한 음식에서 진미 식품으로의 전환은 특히 (전 세계적으로 퍼져 있는) 원죄 신화나 야곱 이야기가 가르쳐 주듯이 이미 항상 존재했다. 그런데 신들이나 성인聖人들이 아직 인간의 삶에 직접 관여했던 옛날에는 음식을 먹었는지 혹은 먹지 않았는지, 특히 무엇을 어떤 계기로 누구와 함께 먹고 마셨는지가 항상 어떤 의미를 가졌다. 식사를 할 때는 먹기 전이나 먹고 나서 꼭 망자들에게 음식을 바치거나 기도를 했고, 수확 후에는 언제나 감사제를 올렸다.

역사는 음식과 식사 풍습에 뚜렷한 흔적을 남겼다. 우리 주변의 많은 요소들이 여전히 역사에 바탕을 두며 일부는 식탁 예절에까지 침투해 있지만, 우리는 그 사실을 잘 의식하지 못한다. '급하게 먹지 마라', '다리를 떨지 마라', '남김없이 먹어라' 같은 규칙은 '엘리아스의 계보'를 지나 전통적 문명사회 깊숙이까지 거슬러 올라갈 수 있다. 그리고 그런 규칙들은 항상 중대한 동기에 바탕을 두고 있다.

그런데 지금도 여전히 금식을 하며, 그보다 드물긴 하지만 음료조차 마시지 않는 때가 있다. 종교적 이유이든 식이요법 때문이든 미적 이유이든 자발적으로 금식하는 사람도 있고 또 건강 때문에 어쩔 수 없이 그러는 사람도 있다. 나 자신도 정확히 1년 전에 불가피하게 그래야만 했다. 병 때문에 3주간 금식, 더 정확히 말해서 '단식요법'이란 것을 했는데, 얼마 후에 뮌헨에 있는 C. H. 베크 출판사의 울리히 놀테가 전화를 걸어 '먹고 마시는 일'에 대해 짧은 책을 써보지 않겠냐고 물었다. 그런 주제가 사실 나 자신의 민족학적 관심사와는 좀 달랐기 때문에 그 말을 듣고 처음에는 당황했지만, 이윽고 당시 내 처지와 기분 때문에 그 제안을 특별한 도전으로 받아들이게 되었다.

 바라건대 내 노력의 열매가 사람들의 식욕을 돋우고, 음식문화에 대해 특별히 숙고하게 만들기를!

켈스터바흐에서
클라우스 E. 뮐러

1. 열매와 야생동물 고기

채집수렵 민족들은 완전 영양식을 누렸다

인간은 발바닥 전체로 딛고 걷는 척행동물일 뿐만 아니라 잡식동물이기도 하다. 인간은 또한 식물성과 동물성 물질 외에 흙과 점토, 심지어 순전히 화학적으로 합성된 음식까지도 소화할 수 있다. 그럼에도 자연이 제공하는 아주 풍성한 산물은 언제나 몹시 제한적으로만 이용되었다. 수만 종의 재배 가능한 식물 중에서 일시적으로 또는 지속적으로 겨우 6백 종 정도만 경작되어 왔다. 이런 상황은 환경조건과 관련이 있었지만 전승되어온 생활양식과도 그만큼 관련이 깊었다. 생물학적이라기보다는 오히려 **문화적**으로 규정된 기호성이 더 중요했다.

추크치족, 북아메리카와 그린란드의 에스키모를 아우르는 다른 극지 민족들은 환경적 제약 때문에 거의 전적으로 물고기와 특히 해양 포유류(바다표범과 고래), 순록, 곰, 사향소(에스키모의 경우)의 고기(또는 지방, 어유)를 먹고 살았다. 몸집이 작은 동물, 야생 조류, 장과漿果, 지의류, 새알 및 기타 채집식품은 극히 미미한 정도로만 식단을 보완했다. 그럼으로써 그들은 최후의 빙하기인 뷔름 빙기(기원전 70000~10000) 동안의 수천 년과 유럽의 후기 구석기 문화(기원전 약 36000~8000)의 전통을 어느 정도 이어갔다. 그 전통의 창시자들은 우리의 최고最古 조상이고 신체 구조상 현생인류, 즉 그곳에 살았던 최초의 대표자들인 호모 사피엔스 레켄스 *Homo sapiens recens*였다.

그들은 극한 환경조건에 적응하면서 전문화된 '고도의 수렵문화' 형태를 발전시켰다. 다시 말해 주로 특정한 **큰 야생동물**, 그러니까 매머드, 오록스, 들소, 원시코뿔소, 말, 순록, 그리고 다른 한편으로 해양 포유류를 사냥해 먹고 살았다. 그 밖에도 몸집이 작은 동물(눈토끼, 새)을 잡아먹었고, 부족하면 고기잡이로 보충했다. 그 이후의 시대에도 계속해서 수렵을 담당했던 남자들은 사회에서 주도적 역할을 했다. 그런 만큼 그들은 더 풍부한 부장품을 받았고, 장신구도 마찬가지였다. 야생동물의 수와 환경여건

노르웨이 핀마르크에 있는 기원전 6천 년경 중석기 암각화.
큰 야생동물 사냥은 채집수렵사회에서 남성의 임무이자 특권이었다. 그림에는 접근 사냥 외에 위쪽에 사슴과 곰의 몰이사냥도 나타냈다. 오른쪽에는 활과 화살을 든 사냥꾼들이 쏠 태세를 하고 서 있다. 대개 어미와 새끼는 죽이지 않았다. 고기는 특식으로 여겨졌으며, 사냥에 성공한 사냥꾼들은 유동적인 소집단의 느슨한 결속을 매번 다시 새롭게 다지기 위해 잡은 고기를 일정한 분배 기준에 따라 모든 집단 구성원들에게 나눠주었다.

에 따라서 사람들은 작은 무리를 지어 '평지'에 야영을 하거나 동굴 속, 바위 돌출부 밑에서 살았고, 어떤 사람들은 긴 공동 움집에서도 살았다. 각 가족마다 따로 화덕 자리나 돌을 세심하게 쌓아올려 만든 화덕이 있었다. 적당한 그릇이 없었기 때문에 음식을 끓이지는 못했고, 그저 고기를 불에 굽거나 말리거나 훈제만 할 수 있었다. 추측컨대 에스키모들이 지금도 그렇게 하듯이 많은 음식을 그냥 날로 먹었을 것이다.

이런 생식 습관은 흔히 '혈거 인간'이 그저 굶주린 배를 채우기 위해 '노획물'을, 말하자면 **짐승**들처럼 손과 이로 잡아 찢어서 탐욕스럽게 허겁지겁 먹어치우는 상상을 유발했다. 그러나 조사 결과들, 또 시베리아와 최북단의 유사한 현존 문화들, 주로 사냥으로 먹고사는 민족들의 관습과 신앙을 살펴보면 전혀 다른 인상을 받게 된다. 알다시피 후기 구석기인들은 훌륭한 암각화와 동굴벽화들을 완성했다. 거기에는 주로 몸집이 큰 야생동물, 동물과 인간의 혼합체, 동물 가면을 쓴 인물들, 수렵 장면 등이 그려져 있는데, 이 그림들은 어떤 경우든 후기 구석기와 이후의 수렵문화에서도 여전히 그들의 신앙에서 **동물**, 특히 사냥감인 야생동물이 중심 역할을 했다는 사실을 알게 해준다. 그런 까닭에 사람들은 사냥할 야생동물을 확실히 특별하게 대했고, **살생**을 위해서는 적절한 주술적인 신중함이나 아마도 특별한 의식儀式이 필요했음이 틀림없다. 샤머니즘적 강신회降神會, 다시 말해 특별히 교육받은 전문가들이 저세상에 있는―역시 동물 형상의―'동물들의 여주인들' 또는 '남주인들', 즉 야생동물의 보존을 책임지고 사냥 성과를 결정하는 영적 세력을 찾아가는 영혼 여행이 있었음을 암시하는 증거도 많이 있다. 근래까지 시베리아와 북아메리카 일부 지역에서 그랬듯이 죽임을 당한 곰들, 특히 그 해골이 자주 제식을 통해 숭배되었던 것으로 보인다. 모든 징후를 볼 때 매일매일 고기를 아무 생각 없이 먹는 일은 거의 없었던 듯하다. 이에 관한 더 상세한 내용은 뒤에서 다루겠다.

그런데 이렇게 채소류는 거의 먹지 않고 고기만 많이 먹은 탓에 사람들이 지나치게 편향된 영양 섭취를 하였고 이에 따른 건강 이상을 겪지 않았는지에 대해 생각해볼 수 있다. 하지만 유골 조사 결과를 보면 그런 징후는 없다. 아직도 상당히 전통적인 생활방식을 고수하고 있는 에스키모를 대상으로 한 연구들이 이런 결과를 확인해줬다. 모두들 양호한 건강 상태를 보였던 것이다. 그 이유는 에스키모들이 생명에 중요한 비타민을 거의 다 함유한 간을 대단히 많이 먹었고, 밖에서 많이 생활한 덕분에 햇빛에 의한 비타민 D 형성과, 고기에는 조금밖에 들어 있지 않은 칼슘의 충분한 공급이 가능했기 때문이라고 본다.

하지만 빙하기 수렵인과 극지 수렵인들이 제 아무리 잘 먹었다 하더라도 인류 역사의 어떤 면에서는 주변적 현상일 뿐이었다. 남쪽 지방이 훨씬 살기 편했을 뿐만 아니라 음식도 더 다채롭고 뛰어났다. 그곳에서는 수렵에 채집과 수확 활동까지 가세했는데, 이 두 가지는 항상 여자들의 관할 영역이었다. 여자들은 연충, 털애벌레, 갑충, 달팽이를 주워 모으고 곤충(특히 매미와 메뚜기), 도마뱀, 개구리, 그 밖에 작은 동물을 잡고 땅속의 구더기와 생쥐를 파내고 버섯, 새알, 엽록소를 채집하고 뿌리를 캐고 장과, 과일, 견과를 수확하고 낟알이 큰 벼과 및 야생 곡류의 이삭을 말 그대로 '샅샅이 찾아냈다'.

이런 식의 잡다한 부식거리를 단지 반가운 '**스낵**' 정도로만 본다면 대단한 오산이다. 이런 먹거리는 이미 유인원들 사이에서 오랜 전통을 지녔을 뿐만 아니라 생계 면에서 아무리 높이 평가해도 부족할 만큼 중요했다. 원숭이의 경우에 그런 방식으로 손에 넣는 육류가 경우에 따라 전체 식량의 90퍼센트는 족히 되었고, 채집수렵사회에서는 채집한 먹거리가 전체적으로 식단의 최고 70퍼센트에 이르렀다. 마찬가지로 농경문화에서 적어도 숲과 가까운 곳에서는 채집 식품이 중세까지도 중대한 역할을 했다. 고대에는 일부 애벌레들을 별미라는 이유로 일부러 밀을 먹여 비육했고 메뚜기같이 좀 큰 곤충류를 시장에서 팔았다. 심지어 아리스토텔레스(기원전 384~322)도 통통한 굼벵이 섭취를 찬미했고 암컷 성충을 특히 알을 배고 있을 때, 말하자면 '캐비아'로 가득 차 있을 때 맛보라고 권했다.

그러나 이런 것들이 구미를 돋우는 음식에 불과했던 것은 아니다. 전통적인 자급자족경제에서는 채집 식품이 포기할 수 없을 정도로 중요했는데, 그 까닭은 **주요 영양소가 풍부했기** 때문이다. 예를 들어 풍뎅이의 유충, 더 나아가 흰개미와 메뚜기는 지방 섭취를 보충해줬다. 열대지방

**인도 중부 파차마디에 있는
기원전 5천 년경 후기 신석기 암각화의 야생 꿀 채집 모습.**

꿀 채집은 위험한 일이어서 채집 활동이라기보다는 수렵 쪽에 가까웠고, 따라서 남성의 임무였다. 꿀벌 둥지는 흔히 가파르게 치솟은 암벽 높이 있는 틈이나 커다란 나무 수관樹冠에 있어서 사다리와 밧줄을 이용해야만 했고, 꿀벌들은 연기를 피워서 쫓아냈다. 꿀은 수천 년 동안 가장 중요하고 인기 있는 감미료였으며, 그 희귀성 때문에 탐나는 기호품이자 교환 물품으로서 굉장히 귀중했다. 꿀은 신과 구원받은 자들의 음식으로 그들에게 불멸을 선사한다고 여겨지곤 했다. 지상에서는 꿀이 특별한 치유력이 있다고 믿었으며, 물과 섞어 발효시켜서 와인이나 맥주를 만들어 마셨다.

에서는 유충과 털애벌레 20~40마리가 최고 160그램의 지방을 공급하는데 이는 약 1,300칼로리에 해당하며, 다 자란 곤충들은 심지어 그보다 세 배 내지 다섯 배의 지방을 공급한다. 주로 야생동물 고기에 들어 있는 동물성 단백질은 아프리카의 우림에서 때때로 사람 주먹만큼 자라는 커다란 육상 달팽이를 먹음으로써 추가적으로 섭취할 수 있었다. 식물성 단백질, 특히 탄수화물(전분, 섬유소, 글리코겐 등)은 뿌리, 잎채소류, 장과, 과일, 꿀을 먹음으로써 공급받았다.

어쨌든 인류 역사의 대부분(약 3백만 년)을 차지하는 채집수렵문화에서는 인류가 풍족하게 살았을 뿐만 아니라 완전 **영양식**도 누렸다. 근래에 원시부족들이 밀려나서 살게 된 척박한 지역에서조차도 먹거리는 여전히 넘칠 정도로 풍부했다. 예를 들어 보츠와나의 부시먼 집단은 유사한 곡물들보다 칼로리가 다섯 배, 단백질이 열 배나 많이 함유된 몽공고 열매를 주로 먹고살았다. 몽공고 열매가 하도 많아서 해마다 수천 파운드가 남아돌았다. 그 밖에도 족히 80종은 되는 식용 야생 푸성귀들 역시 풍족했고 야생동물이 충분히 많았기 때문에 부시먼의 식량 공급은 가뭄이 심한 해에도 부족함을 몰랐다. 동아프리카의 빅토리아호 남쪽, 바위가 많은 건조 초원을 생활 터전으로 했던 하드자족은 형편이 훨씬 더 좋았다. 의사의 검진 결과 그들은 충분한 영양을 섭취했을 뿐만 아니라 영양소 구성이 최적이었고 덕분에 뛰어난 건강 상태를 보였다. 대신 노동에는 하루 평균 두 시간만 투자하면 되었다. 그렇기 때문에 민족학에서는 채집수렵 민족들을 '풍요한 사회'라고 부르기도 한다.

2. 죽과 빵

'종신토록 수고하여' 경작한 식물을 먹다

구세계(근동)에서는 기원전 10000~8000년경, 신세계에서는 거의 비슷한 시기인 기원전 9000~7000년 무렵 농경으로의 이행과 더불어 삶이 힘들어졌다. 세계 각국의 낙원에 관한 신화들에 따르면 인류가 처음에 순전히 순수한 식물성 채집 식품만 먹고사는 삶에 반발한 데에는 다 그럴 만한 이유가 있었다. 이제 인류는 그들에게 '가시덤불과 엉겅퀴'를 내는 땅을 '종신토록 수고하여' 경작하고 '얼굴에 땀이 흘러야' 밥을 먹을 수 있게 되었다(창세기

3:17-19). 농사철이 시작되면 경우에 따라 땅을 개간하고 땅 파는 막대기나 괭이로 땅을 갈아엎고 씨를 뿌리고, 얼마 후에는 잡초를 제거하고 야생동물에 의한 피해를 막고, 마침내 열매를 수확해 집으로 가져가야 했다. 그런 수고는 들인 노력에 비해 결과가 괜찮았을 때에만 가치 있어 보였다. 이런 까닭에 어느 정도 풍부한 수확이 예상되는 특정한 식물들만이 경작용으로 고려되었다. 선행했던 채집과 '수확 생활'에서 얻은 경험을 여기에 참고할 수 있었다. 그래서 열대지방에서는 그 전에도 이미 채집자들이 이용했던 얌, 타로, 카사바, 고구마 같은 근채류 및 구근식물, 여러해살이풀(예를 들어 바나나), 과실수(예를 들어 야자나무, 빵나무, 망고나무)가, 온대지방에서는 밀, 보리, 기장, 쌀, 옥수수 같은 곡류, 보충적으로 갈퀴나물, 렌즈콩, 완두, 콩 같은 콩과식물이 주로 재배되었다. 이런 식품들은 그때부터 쭉 전통적인 농경문화에서 식생활의 토대이자 중심이 되었다.

이런 경작은 대규모로 실시했을 때만 수고한 보람이 있었다. 덕분에 식단이 빈약해졌다. 사람들은 주로 똑같은 소수의 농작물을 먹고살았다. 하지만 백 퍼센트 그렇지는 않았다. 늦어도 고대부터는 소량이나마 다른 식물들도 재배했고, 곧 집이나 농가 근처의 뜰에서 기르게 되었다. 양념용으로, 또 지방이나 기름을 얻으려고 냉이('농부의 겨자')와 양파, 마늘, 아마, 올리브, 파, 양배추, 오이, 무, 멜론, 호박을 심었고, 전호, 상추, 꽃상추 같은 샐러드용 식물을 재배했다. 게다가 이런 식물들의 관리 재배의 시작은 이른바 '거대 성장Gigaswuchs'(그리스어의 *gigas*, '거대한'에서 유래)을 초래했다. 다시 말해 재배종이 야생종보다 튼튼하게 자랐고 그만큼 수확량도 많았다. 아나톨리아 남서부 코니아 평원에 있는 초기 신석기 취락인 차탈 휘위크에서는 이미 기원전 6000년경에 주요 재배작물(보리, 밀, 완두) 외에도 10여 종의 재배작물이 더 있었다는 사실이 밝혀졌다. 그리고 그때뿐만 아니라 몇 세기 후에도 여전히 들과 숲에서 채집, 어로, 수렵이 보완적으로 행해졌는데, 물론 여기에 할애할 시간이 한참 줄었기 때문에 수확량도 그만큼 감소했다.

이런 사실과 관련하여 최근 들어서야 비로소 제대로 주목받게 된 것은, 오늘날에도 여전히 제3세계 국가들에서 그러하듯이, 나무가 언제나 식량원의 역할을 해왔다는 점이다. 거의 모든 나무들이, 예를 들어 세네갈에서는 야생 나무의 족히 80퍼센트가 식량원으로 고려되고, 식용으로든 치료용으로든 나무의 거의 대부분을 이용할 수 있다. 뿌리, 껍질, 고갱이, 수액, 어린 가지, 꽃, 씨, 열매(견과), 또 무엇보다도 잎을 말이다. 연애와 관련된 소망은 아마도 몇몇 나무의 연기가 들어주는 것 같다. 가령 수단에서는 여자들이 나무를 태운 연기로 사랑에 지친 남편들을 성적으로 자극하고자 한다. 그러나 제일 중요한 것은 식욕이다. 브라질 북동부의 카야포족은 250종의 큰키나무와 떨기나무의 열매, 기타 수백 종 나무의 씨와 견과를 이용할 줄 안다. 인도 중부에서는 165종이 부엌과 약국에서 사용되는 반면에 아프리카의 사바나에 거주하는 종족들에게는 무엇보다도 거대한 바오밥나무가 식생활에서 중심 역할을 한다. 여기서는 특히 영양가가 높은 잎이 이용된다. 사람들은 잎을 날로 먹거나 말려서 먹고 나중에 먹으려고 보관한다. 잎은 보통 야채로 이용되는 것 외에도 지방과 함께 수프와 소스의 기본 재료로 두루 이용된다. 그런 까닭에 많은 제3세계 국가에서 나무 개체수의 감소가 주민들에게 부분적으로는 심각한 부가적 식량 문제를 야기하는 것이 납득할 만하다.

그런데 기타 보충식품에도 유사한 결과가 우려된다. 숲은 오래 전부터 야생과실의 보고였다. 고고학 조사 결과에 따르면 구세계에서는 나무 과일을 제외하더라도 라즈베리, 블랙베리, 로즈힙, 코넬리안체리, 까치밥, 마가목 열매, 엘더베리, 블루베리, 딸기를 채집했다. 본격적인 과일 재배는 고대의 고문화(高文化: 인류역사상 비교적 새로 발달하고 복잡한 생활형태를 갖춘 문화로 미개문화와 대립된다. 계획 농경, 도시의 발달, 제도화된 행정, 분업, 전문화된 사회계급, 직업군인, 문자를 특징으로 한다-옮긴이 주)와 더불어 대규모의 도시 취락들이 발생하고 경작지 증가로 숲이 점점 줄어들기 시작한 기원전 4000~3000년 무렵에 비로소 시작되었다. 최초의 중심지는 지중해권의 북동부 지역(이란,

수단 서부의 바오밥나무 Adansonia digitata.
키가 최고 20미터까지 자라고 둘레가 대략 40미터에 이를 수 있는 바오밥은 우기 동안 풍부한 잎이 자라는데, 그 잎들은 영양가가 높고, 열대와 아열대지방의 거의 모든 나무들이 그러하듯이 따서 날로 먹거나 야채나 수프, 소스의 첨가물로 이용된다. 재목은 밧줄과 거친 직물용 인피 획득에 이용된다. 수관에는 흔히 꿀벌들이 둥지를 튼다. 위의 사진에서는 마침 한 남자가 꿀 둥지를 떼어내고 있다.

아나톨리아)이 형성했고, 부분적으로는 중국과 인도(인더스 문명)도 그랬던 것으로 추측된다. 이집트 고대 왕국들에서 아나톨리아 중앙 고원지대의 히타이트족에 이르기까지 무엇보다도 사과, 배, 자두, 버찌, 살구, 무화과, 모과, 포도, 도금양, 뽕, 레몬, 오렌지와 복숭아(이 둘은 원래 중국이 원산지였다), 그리고 특히 주민 대부분에게 오늘날에도 여전히 일종의 주식인 대추야자가 재배되었다고 문서들은 증명하고 있다. 차탈 휘위크에서는 기원전 6500년에 벌써 사과가 재배되었다는 사실이 입증되었다. 고대의 고문화에서는 수메르인들이 이미 그랬듯이 과수 재배가 대농원에서 광범위하게 실시되었다. 소아시아의 경우 고대 문서들에 사과나무, 배나무, 벚나무, 호두나무가 심어진 드넓은 '숲들'에 대한 언급이 있다.

과수 재배는 신속하게 서쪽으로 전파되었고 로마제국에서 특히 번성했다. 기원전 1세기에는 한층 발전된 접붙이기 및 개량 방법 덕분에 사과만 해도 36개의 품종이 있었다. 로마인들은 과일을 제철에 신선하게 날로 먹었고 익혀

바오밥나무의 열매 씨.
20센티미터 정도의 열매 껍질은 나무껍질 같고 과육은 노란빛을 띠며 당분과 산이 들어 있다. 열매 안에 들어있는 씨는 지방을 함유하며 '스낵'으로 먹을 뿐만 아니라 기름으로도 가공한다.

먹는 일은 극히 드물었다. 과수 재배는 로마로부터 제국의 서쪽 지방까지도 전파되었다. 버찌란 뜻의 독일어 단어 '키르쉐Kirsche'는 이 과일의 기원과 황량한 게르마니아까지의 노정을 암시한다. 이 단어는 라틴어의 케라수스 *cerasus*에서 유래하는데, 이는 그리스어의 케라소스 *kerasós*를 차용한 것이고, 이는 다시 아카드어(기원전 3000~1000년에 메소포타미아 지방에서 쓰였던 셈어의 하나-옮긴이 주)의 카르슈 *karshu*에서 연원한다!

그러나 로마제국의 리메스(로마제국의 영토와 이민족의 영역을 구분하기 위해 국경에 세워졌던 방벽-옮긴이 주) 저편 숲이 많은 과거의 '자유 게르마니아'에서는 중세 전성기 때까지도 여전히 주로 야생과실을 먹고살았다. 당시 90퍼센트 정도가 인구 2천 명 미만이었던 도시들에서도 채집과실과 재배과실의 비율은 10 대 1에 달했다. 중세에 들어서 고대 로마의 과수 재배 전통은 수도원에서 계속 보존되었다. 하지만 날로 먹는 것을 건강에 해롭다고 여겼기 때문에 신선한 과일을 그냥 먹는 경우는 드물었다.

농경과 거의 동시에 가축 사육도 등장했다. 염소와 양 다음으로 돼지와 소를 길들였고, 가금류 중에서는 주로 닭과 거위를 길들였다. 그러나 돼지를 제외하고는 당시나 그 후속 시기에도 일반적으로 기껏해야 축제가 있을 때나 가축을 도살했다. 가축은 주로 알과 털, 젖의 공급원으로 이용되었다. 왜냐하면 젖과 낙농제품이 농촌 식생활에서 항상 중대한 역할을 했기 때문이다. 버터밀크와 유청乳淸은 마셨고, 이미 고대 지중해 국가들에서 매우 다양한 품목이 생산되었던 치즈는 생으로 먹거나 또는 곡식가루나 과일즙, 향신료(예를 들어 마늘)를 가미한 후 저어서 다양한 종류의 죽으로 만들어 빵과 함께 먹었는데, 지금도 여전히 이집트와 북아프리카 등지에서 그렇게 하고 있다.

고기 수요는 예전과 다름없이 주로 수렵을 통해 충당했지만, 중세부터 귀족에게만 사냥이 허용된 유럽에서는 그렇지 못했다. 그런데 큰 야생동물보다는 오히려 조류, 산토끼, 굴토끼 같은 몸집이 작은 야생동물을 특히 선호했고 심지어 동면쥐, 또 해안지역에서는 조개와 갑각류도 주요 사냥감이었다. 이미 고대 로마에서 토끼를 우리에 넣어 호두, 도토리, 밤으로 전문적으로 비육했다. 굴도 로마인들이, 어쩌면 중국인들이 처음으로 양식했다. 인간의 가장 오래된 가축인 개는 오늘날처럼 동남아시아 민족들의 식탁에만 오른 것은 아니었다. 고대 그리스인과 로마인들도 개고기를 무척 좋아했다. 존경할 만한 의사 히포크라테스(기원전 460~370경)는 개고기가 건강식품처럼 몸에 잘 받고 소화가 잘 된다고 칭찬했다. 고대 로마의 부엌에서는 개고기를 토끼고기처럼 조리해 내놓았다.

일반적으로 고기 섭취는 부유층에서조차도 분명히 제한되어 있었다. 그러나 중세 초기 신분이 높은 게르만인들의 경우에는 고기 소비가 지중해의 이웃들조차 깜짝 놀랄 정도로 전설적인 규모에 이르렀다. 호메로스의 전설과 인도게르만 전설에 나오는 영웅들에게는 한꺼번에 되도록 많은 양의 비계와 고기를 날로 먹을 수 있는 능력이 일반적으로 명성에 기여했고 특별한 체력과 전투력, 권력의 징표로 여겨졌다. 반대로 멸시와 처벌 수단으로 육식 금지를 명할 수 있었다. 프랑크 왕국 카롤링거 왕조의 법령집은 무기를 버리는 것을 육식 금지와 동일시했다. 예를 들어 이 두 방법으로 황제는 주교 암살죄를 벌할 수 있었다.

반면에 부유하지 않은 대다수 주민 계층의 식생활에서는 지역과 기후, 문화에 따라 그 종류를 달리하는 주요 재배과실들이 계속 결정적 역할을 했다. 이와 관련하여 인류는 농경과 정착생활로 이행한 이래 환경에 훨씬 더 종속되게 되었다. 채집수렵사회에서는 위기가 발생하면 주거지를 바꾸고 다른 식량원을 실컷 이용할 수 있었던 반면에, 수목 재배자와 농부들은 죽으나 사나 '토지'에 매여 있었다. 가뭄이나 악천후, 식물의 병충해, 가축 전염병이 발생하면 당장에 그들의 생존은 위협을 받았다. 그러나 정착생활 방식은 좋은 것으로 보상하기도 했다. 정착은 인류에게 더 견고하고 넓은 집에서 살 수 있게 해주었고, 이런 가옥은 생산 및 가공 기술의 변화, 다시 말해서 연장과 도구들의 세분화를 초래한 복합적인 경제의 요구에 합당하게 더 많은 물질적 재산을 보관할 공간을 제공했다.

건조한 토지는 인공 수로망을 써서 관개하고, 척박한 토지는 풋거름과 두엄을 줘서 개량하며, 수확 감소는 이를 대비한 비축을 통해 상쇄할 수 있었다.

비축에는 한층 발전된 보존 방법이 전제되었다. 렌즈콩, 완두, 콩 및 다른 콩과식물의 씨앗은 높은 수분 함량 때문에 쉽게 상한다. 반면에 바람에 건조시키거나 햇볕에 말리면 거의 무한정으로 보존할 수 있다. 잎과 향신료, 과일도 똑같이 처리했다. 잉여 곡물, 견과, 본래 **잘 부패하지 않는** 기타 식품들은 저장품을 건조하게 유지하고 개미와 생쥐, 쥐들로부터 보호하기 위해 안쪽 면을 적절하게 처리한 구덩이나 창고 또는 커다란 질항아리에 보관했다. 고기는 옛날부터 그랬듯이 길쭉하게 잘라 말리고 불 위에서 훈제하거나 소금이 충분히 있으면 절였다. 더 큰 문제는 부패하기 쉽고 물기가 많은 재배과실을 주로 먹고사는 지역들에서 나타났다. 페루와 볼리비아의 안데스 산맥 고원지대에 사는 인디언들에게는 감자가 바로 그런 경우였다. 감자를 특히 겨울철에도 먹을 수 있게 보존하기 위하여 그들은 우선 감자를 야간에 혹독한 추위에 노출시키고 다음날 낮에 발로 밟아서 즙을 빼내고 남은 덩어리를 나흘에서 닷새 정도 바람과 햇볕에 건조시킨 다음에 마지막으로 갈아서 가루를 만들었는데, 이 가루는 실제로 몇 년이나 상하지 않았다. 비슷한 탈수 방법이 특히 남아메리카와 오세아니아에서 카사바나 빵나무 열매, 고구마, 얌

스페인 북서부 비야블리노 근교의 전통적 옥수수 창고.

농경의 발생과 더불어 사람들은 자기 토지에 매여 있게 되었다. 채집수렵문화에서처럼 식량 부족에 대처하기 위해 다른 지역으로 이주하는 것이 불가능해졌는데, 그 까닭은 그럴 경우 경작지를 포기하고 다음 수확 때까지 기다려야만 했기 때문이다. 그것도 빈 땅이 있을 경우에만. 주식의 비축량이 생존의 문제가 되었다. 그런 까닭에 모든 농경문화에는 저장 시설이 있다. 사진에 있는 창고 유형은 20세기까지 이베리아 반도 북서부에서 광범위하게 사용되었고 오늘날에도 여전히 포르투갈의 뻬네다 제레스 국립공원에서 볼 수 있다. 나무로 된 격자식 옆벽은 자유로운 통풍을 돕고, 바닥이 땅에서 떨어져 있어 습기를 차단함으로써 곡물을 건조하게 유지했다.

에도 이용되었고, 일부는 같은 방식으로 가루로 가공했다. 또 일부는 저장용으로 그리했다. 카사바 같은 유독성 구근식물은 잘라서 독성물질―시안화물(청산염)―을 빼낼 목적으로 우선 물에 담가두었다.

식생활이 곡물 재배를 중심으로 이루어진 온대지방의

주민들은 살기가 좀 나았다. **모든** 고대의 고문화가 곡물 재배를 바탕으로 발전한 것도 다 그럴 만한 이유가 있었던 셈이다. 주로 재배한 곡물은 보리와 밀(근동), 기장(인도, 중국, 아라비아 남부), 쌀(동남아시아) 또는 낟알이 큰 풀과 옥수수(중앙아메리카, 안데스 산맥)였다. 서요르단의 예리코(기원전 6000년대 말)같이 가장 오래된 도시 취락들에는 이미 대규모 저장시설이 있었다.

식물 가루는 곡물에서 얻든, 독일의 경우처럼 미꾸리꽝이 *Glyceria fluitans* 같은 풀 종류에서 얻든, 렌즈콩, 콩과 완두, 열대 구근식물, 판다누스 나무 *Pandanus*(오세아니아) 열매, 마후아 나무 *Bassiaia latifolia*(인도)의 말린 꽃, 살구(파키스탄 북부 훈자)에서 얻든 또는 중세 유럽에서처럼 밤나무(이탈리아어로 알베로 델 파네 *albero del pane*, '빵의 나무')에서 얻든 농경사회에서는 어디에서나 식생활의 가장 중요한 재료가 되었다. 가루에다 계절에 따라 아주 다양한 재료를 섞은 후에 저어서 걸쭉한 죽을 만들었고 그걸로 물, 우유, 과즙을 되직하게 해서 팬케이크, 폴렌타,(이탈리아 전통음식으로 옥수수 가루를 물과 섞어 끓인 일종의 죽—옮긴이 주) 빵, 케이크를 구웠다. 북아메리카와 중앙아메리카에서는 '옥수수-콩-호박 삼총사'가 명실상부한 식생활의 근간이 되었다. 지중해 국가들의 경우에는 고대 이집트와 근동에서 빵, 양파, 대추 트리오가, 서쪽에서는 생선 외에 죽 요리, 빵, 채소, 치즈, 올리브가 이와 유사한 역할을 했다. 유럽에서는 처음에는 곡물 죽과 콩과식물, 기타 야채로 만든 스튜가 그러하였는데, 일부는 여기에 약간의 고기나 비계로 '양념'하였고 빵(또는 폴렌타)을 곁들여 먹었다. 이후 중세 전성기에는 빵 자체가, 통곡물빵뿐만 아니라 가루빵도 주식이 되었고 여기에 그때그때 구할 수 있는 온갖 먹거리를 곁들임(콤파나티코 *companatico*)으로 즐겼다. 예멘부터 북아프리카에 이르기까지 지중해 주변 국가들에서는 지금도 여전히 빵이 **빠진** 식사는 불완전하다고 여긴다.

빵은 곡물가루와 다른 식물성 재료를 압축시켜서, 말하자면 '준準 고기'로 단단하게 만든 포만감을 주는 **고형음식**으로 죽, 야채 스튜, 샐러드와 함께 먹었다. 어디에나 납작한 형태뿐만 아니라 둥근 형태의 빵이 있었고, 반죽 속에 넣거나 위에 얹은 첨가물로 아주 다양한 변화를 주기도 했다. 고대 그리스에서만도 가루 종류와 지방, 견과, 과일, 향신료 등의 첨가물에 따라 빵 종류가 70종이 넘었다고 한다.

재료가 고급일수록 가격은 비쌌다. 먹는 고기의 양과 질이 그랬듯이 빵도 사회적인 차별 및 신분의 기준이 되었다. 가령 고대 인도에서 하층민들은 기장빵으로 만족해야 했고, 밀빵은 상류층의 전유물이었다. 이와 유사한 구분이 로마 시대부터 18세기까지 흑해 서부 지역에서 다카르인들과 그 이웃들 사이에서, 나중에는 루마니아인들 사이에서 지속되었다. 중세 유럽에서 일반 농민들은 호밀(고대 로마에서는 기근이 들었을 때에만 호밀을 이용했다)이나 다른 '거무스름한' 곡식으로 만든 '흑빵'을 먹었던 반면에 밀빵 또는 '흰빵'은 부유한 귀족과 도시인들만이 사먹을 수 있었다(그리고 사먹어도 되었다).

그때까지 아직 '발견'되지 않았던 한참 멀리 떨어진 신세계에서는 카사바로 만든 넙적한 빵이 아마존 지역 주민들에게 일용할 양식의 고정 요소였고 콩빵은 북아메리카 남동부에 사는 인디언들이 선호하는 음식이었는데, 오늘날에도 일부 체로키족은 여전히 콩빵을 즐겨 먹는다.

후에 뒤돌아보고 대단히 칭송되었던 농경의 '발명'은 **사실상** 중대한 결함을 안고 있었다. 앞에서도 말했듯이 경작으로 인한 정착생활은 인류를 가뭄, 혹한, 악천후, 병충해 및 기타 재앙의 위험에 더 많이 노출되게 했다. 단종재배 경향은 식생활의 변화 폭을 좁혔다. 게다가 어떤 민족들의 경우에는 생선, 가금류, 달걀의 섭취가 일부 또는 전체 주민을 대상으로 금기시 되었다. 또 동물 젖을 일종의 분비물로 여기거나 소화하기 힘들다는 이유로 마시지 않는 민족들도 있었는데, 특히 동남아시아 일부에서 그러했다. 식물성 식품을 주로 먹음으로써 비록 탄수화물을 충분히 섭취하기는 했지만 반면에 보다 중요한 동물성 단백질의 공급이 매우 제한되는 결과를 낳았다. 그럼으로써 에너지 수요는 기껏해야 양적으로 충족되었을 뿐, 질적으로는 충족되지 못했다. 과일, 뿌리, 잎, 덩이줄기를 조리하고 장기간 저장하고 특히 햇볕에서 건조시킴으로써 주요 비타민, 특히 비타민 C 성분이 손실되었고, 그 결과 신체의 합성력과 저항력이 약화되었다. 게다가 카사바, 얌, 타로, 고구마, 요리용 바나나, 기타 열대 재배과일에는 식물성 단백질이 소량밖에 들어있지 않고, 어쨌든 곡물보다 적게 함유되어 있다. 밀의 식물성 단백질 수치는 1kcal/g에 35, 기장은 29, 옥수수는 26, 쌀은 20인데 비해 카사바 가루는 4.4, 요리용 바나나는 10.7이고 고구마는 11.3에 불과하다. 콩과식물은 그 수치가 70 내지 90으로 훨씬 높긴 하지만 어디에서나 다 먹지는 않으며 대개는 부식으로만 먹는다.

이런 식생활의 결과로 전통적인 농경민족들은 모두 예외 없이 단백질 부족에 시달렸다. 전형적인 결과는 미비한 항체 생성, 즉 감염 방지를 위한 저항력 약화와 빈혈, 상처 치유 및 모유 형성시의 문제점이었다. 사람들의 체력과 지구력은 저하되었다. 그런 까닭에 흉작이나 다른 재앙이 그들에게 순식간에 화가 될 수 있었다. 이런 상황은 특히 아이들에게 위협적이었다. 잘못된 식생활이나 영양실조는 신체 발달뿐만 아니라 정신적 발달에도 해를 끼쳤다. 게다가 그 결과는 지속적이었다.

일부 지역에서만 수렵이 이런 결핍을 완화해주었다. 한편으로 사냥할 시간이 부족했고, 다른 한편으로 경작지역 주변에서 숲이 줄어들면서 야생동물의 개체수도 감소했기 때문이다. 가축 사육에는 곡물 재배만으로도 이미 영양가 높은 식생활이 실현되었던 온대지방만이 최적의 조건을 갖추고 있었다. 반면에 열대지방에서는 가축을 기르더라도 약간의 가금류 외에는 오직 염소와 돼지만 키웠고, 앞에서 말했듯이 특별한 일이 있을 때만 도살했다. 그래도 곤충 섭취는 여전히 계속되었고 무시할 수 없었다. 또 여러 곳에서 토식 습관, 즉 주로 점토가 들었거나 지방과 소금을 함유한 특정한 흙의 섭취로 영양이 보충되었다. 사람들은 흙을 그냥 먹거나 아니면 구슬 모양으로 빚어 구운 후에 가루를 내어 다른 음식물에 섞어 먹었다. 이 관습은 널리 퍼져 있었고 중국에서 인도를 거쳐 그리스에 이르기까지 고대의 고문화에도 전파되어 있었다. 분석 결과 흙에는 흔히 이를테면 장질환과 빈혈을 유발할 수 있는 위험한 독성물질 외에 주요 미네랄과 미량 영양소들이 풍부하게 함유되어 있다.

음료도 주요 영양소의 부족을 제한적으로만 상쇄할 수 있었다. 적어도 곡물보다는 칼로리가 풍부한 동물 젖과 그 가공제품은 농경문화에서만 대규모로 이용되었다. 하지만 정작 마시는 양은 적었고 마시더라도 대개 유청, 산유, 응유로 만들어 마셨다. 단지 농경민들과 마찬가지로 예부터 고문화의 영향권 내에서 살았던 유목민족들만 사정이 달랐다. 유목사회에서는 염소젖, 양젖, 당나귀젖, 소젖, 낙타젖, 물소젖, 야크젖, 말젖은 물론이고 순록젖까지도 요구르트, 커드, 치즈와 더불어 거의 일종의 주식을 형성했다. 예를 들어 낙타를 기르는 소말리족의 경우에 유제품의 하루 소비량은 5~10리터에 이른다. 또 동물의 목정맥에서 빼낸 피로 영양을 보충하기도 했는데, 동아프리카의 소 목동들이 정기적으로 그렇게 했지만 대부분 주로 궁핍기나 여행 중에 마셨다. 이때 수소는 최고 5리터, 암소는 최고 3리터까지 뽑아냈다. 유목민들도 특별한 일이 있을 때에만 고기를 먹었다.

평소에 마시는 음료는 예부터 물이었다. 식사 때와 중간 중간에 물을 마셨다. 가능할 경우 보충적으로 과일주스를 마셨고 아시아에서는 많은 지역에서 식사 후에 차를 마셨다. 전통적 문명사회에서는 맥주와 와인(포도주는 지중해권에서만 기원전 3000년경부터)도 기본 음료에 속했고, 공급에 따라서 재배과일과 야생과실을 발효시켜 만든 과실주로 보충했다. 술의 원료는 전분과 당분을 함유한 물질들로 맥주는 주로 기장, 보리, 밀, 쌀, 옥수수, 카사바, 기타 근채류 및 구근작물이, 와인의 경우 열대와 아열대 지방에서는 주로 야자열매, 중유럽과 북유럽, 일부 지중해권의 변경, 힌두쿠시 산맥에서는 꿀이—게르만족의 꿀술—원료로 쓰였다.

술 양조과정은 간단하지 않았다. 양조에는 많은 경험이

필요했고 여러 단계로 이루어졌다. 아프리카 기장맥주를 예로 들어 간략하게 설명하자면, 우선 기장을 물에 담갔다가 꺼낸 뒤 한참동안 축축한 상태로 두었다가 건조시켜 거칠게 빻고 마지막으로 물에 넣어 매시(즙)로 만든 뒤, 발효과정이 끝날 때까지 약한 불에 살짝 끓였다. 보통 발효를 촉진하기 위해 침과 소량의 꿀을 첨가하고 다양한 향료를 가미했다. 기본 재료에 따라 전체 과정이 몇 시간에서 며칠까지 소요될 수 있었다. 그냥 살짝만 발효시킬 때도 많았다. 그러면 대개 알코올 함량이 낮은 찐득찐득하거나 죽 같은 덩어리가 형성되었다. 아나톨리아 지방의 차탈 휘위크에서는 이미 기원전 7000년에 맥주와 와인을 마셨다는 증거가 나왔다. 그러나 그때만 해도 와인은 포도가 아니라 다른 과일, 특히 지중해 팽나무 *Celtis australis* 의 열매인 사다르로 제조되었다. 그보다 약 3000년 후에 수메르인들은 일찌감치 적어도 19종의 맥주를 즐겼다.

전통 사회에서 양조는 보통 여자들의 몫이었다(그래서 여자들이 시장에서 맥주를 파는 것도 허용되었다). 맥주와 와인은 매일 밭에서, 또 식사 때와 저녁에 일을 끝낸 후에 여럿이 모여서 마셨고, 특히 축제 기간에 마셨다. 맥주와 와인은 심신을 상쾌하게 해줄 뿐만 아니라 고형음식을 보완, 아니 대체했다. 잠비아의 벰바족은 맥주를 많이 마신 날에는 달리 거의 아무것도 먹지 않았다. 아프리카 사회에서는 맥주가 주로 기장류, 그중에서도 수수로 양조되고, 여러 비타민 B와 주요 미네랄 등 전체적으로 높은 영양분을 함유한다. 에콰도르의 히바로족은 카사바 맥주를 고형음식보다 선호하기까지 했다. 남자들은 맥주를 하루에 최고 15리터나 마셨고(!) 여자들은 최고 8리터, 아이들은 일곱 살 무렵부터 최고 2리터를 마셨다. 야자와인도 대개 아주 배부르게 하는 효과가 있다고 여겨졌다. 나이지리아 사람들은 야자와인을 뜨겁게 데워서 마시면 수유하는 산모의 모유 형성에 좋다고 믿는다. 그러나 야자 채집이 야자나무에 해를 입히기 때문에 야자와인의 제조와 소비는, 특히 회교 국가들에서 점차적으로 금지되었다.

유럽에서도 분명히 맥주는 꿀술과 함께 예부터 농부가 자체적으로 제조할 수 있었던 대중적인 민중의 음료였다. 1550년경 문헌들에 따르면 농촌 주민들은 '제대로 된 식사'보다 맥주를 더 많이 먹고살았다고 한다. 말하자면 맥주를 간식으로 먹을 수 있고 갓난아이에게조차 거리낌 없이 먹이는, 마시는 빵으로 여겼던 것이다. 하지만 합법적인 양조는 당국에서 허가를 받아야만 가능했다. 흉년과 물가가 높은 시기에는 주민에게 돌아갈 곡물가루와 빵 공급부족에 대처하기 위해 허가가 철회되는 일이 잦았다. 맥주 소비는 이미 일찍부터 특히 독일인들에게 일반적이었던 것으로 보인다. 16세기에 쓰인 어떤 대중적인 5행시는 중유럽 민족들의 특징을 여실히 드러낸다. "덴마크 사람이 오트밀을, 프랑스 사람이 와인을, 슈바벤 사람이 수프를, 독일 사람이 맥주를 잃으면, 넷 다 끝장이라네!"

반면에 와인은 로마인들에 의해 비로소 중유럽에 상륙했다. 한동안은 와인도 많은 이들이 사먹을 만큼 저렴했던 것으로 보인다. 그림 형제의 동화를 보면 「빨간 모자」 아이는 엄마 심부름으로 할머니에게 쿠키와 '와인 한 병'을 갖다드리고, 「요술식탁」에서는 '삶은 고기와 구이 요리가 담긴 접시들'말고도 '적포도주가 든 커다란 병'이 식탁에서 빛을 냈다. 그림멜스하우젠(1622~1676. 독일 바로크문학 작가로 30년 전쟁 때의 독일 사회상을 그린 연작 『짐플리치씨무스』는 독일 문학의 걸작으로 꼽힌다-옮긴이 주)의 『짐플리치우스 짐플리치씨무스』에서는 가난한 주인공을 억지로 참전시키려고 찾아온 '보급 담당 졸병들'이 그에게 당장 엄청난 양의 말바시아 와인과 스페인산 와인을 제공한다(2권 5장).

그러나 와인은 비용상의 이유만으로도 대개 사치품에 들었다. 특히 맥주보다 치료 효능이 크다고 생각되었다. 「빨간 모자」의 엄마는 할머니가 '편찮으시고 허약하시다'는 이유로 딸에게 와인을 들려 심부름 보내지 않는가? 맥주와 와인의 관리는 중세 초기부터 특히 수도사들이 도맡아 했다. 하지만 수도사들이 양조한 술을 스스로 즐기며 엄청나게 마셔댔기 때문에 교회 당국은 9세기부터 맥주와 와인의 소비를 철저히 제한하고 하루 배급량을 정확히 규정할 수밖에 없었다.

원래 맥주는 예부터 전해 내려온 걸쭉한 흑맥주 종이었

수단 서부 부르키나 파소의 기장맥주 제조 광경.

전근대 농경문화에서는 거의 모든 주요 재배작물로, 그중에서도 주로 기장, 보리, 쌀, 옥수수, 카사바로 맥주를 양조했다. 맥주 양조는 보통 여성의 임무였다. 준비 과정으로 낟알이나 덩이뿌리를 물에 담가 부드럽게 하고 한참동안 삶고는 발효를 촉진하기 위해 여기에 침과 약간의 꿀을 섞는다. 맥주는 영양 섭취('마시는 빵')뿐만 아니라 저녁에 오붓하게 가족끼리 모이거나 마을 사람들이, 특히 나이 든 남자들이 여럿 모여서 한잔할 때에 마셨다.

다. 그러다 차츰 보존상의 이유에서 맥주에 다양한 '맥주 향료'를 첨가하기 시작했는데, 그중에는 홉도 있었다. 북부 독일에서는 소귀나무속*Myrica*(핵과核果가 열리는 버드나무와 비슷한 떨기나무와 큰키나무들)이 선호되었지만 소귀나무 맥주가 실명, 심지어 죽음을 초래할 수 있다는 사실이 밝혀졌기 때문에 1723년에 사용이 영영 금지되었다. 홉을 사용하면서 맥주는 오늘날 우리에게 친숙한 투명한 맥주가 되었다. 중세에는 수많은 조미료를 첨가한 덕분에 굉장히 다양한 종류의 맥주가 양조되었다. 맥주의 인기 덕분에 결국 꿀술 소비가 계속 감소되었고, 항상 제한되어 있는 벌꿀 수확량이, 도시화와 더불어 증가하는 수요를 더 이상 따라갈 수 없었기 때문에 더더욱 그렇게 되었다. 끝내 꿀술은 궁정 식탁에만 오르게 되었다.

맥주의 보존성이 낮은 것은 계속 문제가 되었다. 바로 그 점 때문에 도시 주민들까지도 가정 양조권을 따내려고 하거나 다른 사람들과 함께 마을 양조장을 운영했다. 예를 들어 에어랑엔의 대학교수들도 이에 동참했다. 하지만 교수들이 스스로의 갈증을 채우려고 그런 것은 아니었다. 그들은 대학생들에게도 맥주를 팔았고 그럼으로써 박봉을 보완했다. 실제로 맥주가 양조되는 곳에서만 맥주를 마실 수 있었다. '양조장과 음식점'의 결합이 아직까지도 이런 사실을 상기시킨다. 19세기에 들어서 1876년 칼 폰 린데(1842~1934)가 냉동기를 발명하고 철도망이 확장되면서 상황은 비로소 급변하였다. 그때부터 맥주는 품질손상 없이 신속하게 먼 구간에 운송되고 상하지 않고 오래 보관될 수 있었다. 이로 인해 수많은 소규모 지방 양조장들이 피해를 입었고 초지역적인 대형 양조장들이 융성하기 시작했다.

문서상의 증거들을 참고로 하자면 지금도 보통 그러하듯이 옛날에도 하루에 세 끼를 먹었다. 음식, 식사란 뜻의 독일어 단어 '말Mahl'은 공통게르만어 단어이자 나중의 고고古高독일어 단어이기도 한 māl(영어 meal, 스웨덴어 mål 등 비교)로 거슬러 올라가는데, 이 단어는 다시 '거닐다', '걸음으로 재다', '재다'란 뜻의 인도게르만어 어근인 *mē[d]-로 거슬러 올라가며 원래는 '정해진 시간', '시점'을 뜻했다. '끼니'는 하루를 분할했다. 사람들은 흔히 해도 뜨기 전에 밭으로 일하러 나가기에 앞서 간단한 아침을 먹었다. 예를 들어 근동의 농촌지역에서는 약간의 빵과 산유를 곁들여 먹었고, 그 밖에는 주로 전날 저녁식사 때 먹고 남은 음식을 먹었다. 점심시간에도 집에서나 바깥에서 역시 소식했는데, 야채 커틀릿, 군 옥수수, 말린 고기, 과일 등으로 이루어진 '피크닉' 정도였다. 따뜻한 음식이 나오는 진짜 정찬은 밭일과 일과를 마친 오후에 또는 대개 해가 진 후 저녁이 되어서 식구들이 전부 집에 돌아와 함께 있게 되었을 때 들었다.

농촌지역에서는 모든 끼니가 대개 한 코스로만 차려졌고, 혹시 더 먹을 게 있으면 다양한 종류의 부식, 즉 양파, 올리브, 치즈, 단단한 채소, 그리고 무엇보다도 빵을 곁들여 먹었다. 어른들은 새참에 온갖 '스낵'으로 원기를 돋우었는데, 아이들 경우는 특히 더 했다. 스낵이란 딱정벌레나 애벌레, 메뚜기, 야생과실, 견과 등 주변에서 채집하거나 딸 수 있는 것들이었다. 적어도 전통적 문명사회에서는 인간이 건강과 체력을 유지하는 데 대체적으로 하루에 든든한 **한 끼**면 충분하다는 견해가 지배적이었다.

3. 민중의 음식

빈자와 부자의 일용할 양식, 죽과 스튜

우리가 보기에 빵은 빈약한 것일지 모르지만 동화를 듣고 읽은 사람에게는 독일의 과거 때문이라도 친숙한 음식이다. 부자와 제후, 왕들은 진수성찬을 누렸다는 말이 있지만, 그와는 심히 대조적으로 농부와 날품팔이꾼들의 오두막에는 상습적인 식량난이 만연했다는 얘기가 더 자주 전해진다. 가득 차는 법이 거의 없었던 죽 냄비에 마지막 남은 찌꺼기를 손가락으로 싹싹 긁어내거나 딱딱한 빵 껍질을 되도록 오랫동안 씹는다는 식의 모티브가 마치 빛바랜

붉은 실처럼 이 이야기들을 관통한다.

그런데 이런 소박한 식사의 즐거움마저도 전혀 당연한 것이 아니고, 문화사적으로 비교적 최근의 성과라는 사실을 아는 사람은 극소수에 불과하다. 비록 최초의 '진짜' 인간들, 즉 호모 에렉투스의 계통에서 나온 '원인原人들'이 족히 기원전 15만 년 전부터 불을 사용했다고 알려지긴 했지만, 이미 언급했듯이 음식을 불로 굽거나 말리고 훈제만 할 수 있었을 뿐이다. 요리를 하려면 **불에 견디는** 그릇이 필요했기 때문이다. 하지만 이런 그릇은 기원전 8000년경에 고대 근동 지방에서 도기 제조술이 발명된 후에야 만들어졌다. 그리고 적어도 대규모 제빵은 농경을 전제로 하였다.

요리와 제빵의 시발점은 물론 훨씬 전에 있었다. 물은 근래까지도 여전히 나무통 안에 뜨거운 돌을 넣어 가열하는 일이 허다했다. 사냥꾼들은 야생고기를, 지금도 여전히 시베리아에서 그러하듯이 불에 달군 돌과 함께 죽인 동물의 모피로 싸서 찌고 익혔다. 이 방법은 오래되고 존귀한 조상의 유산으로서 이후에도 이따금 제식상의 계기가 있을 때 사용되었다. 예를 들어 뉴기니의 박타만족은 예부터 전해온 '**신성한 요리용 돌**'로 인육을 조리했다. 이와 유사하게 근채류와 구근작물을 잎으로 싸서 땅에 판 구덩이에 집어넣은 다음 주변을 뜨거운 돌로 둘러싸고 풀과 흙으로 덮는 조리 방법도 널리 퍼져 있었다. 채집사회에서는 같은 원리를 이용해 소규모이긴 하지만 이미 빵을 구웠었다. 야생곡물의 낟알을 맷돌로 갈거나 나무나 돌로 된 강판에 놓고 갈았고, 거칠게 빻은 가루에 물을 약간 섞어서 단단한 반죽을 빚은 후에 그것을 뜨거운 돌에 놓고 굽거나 불로 달군 구덩이의 안쪽 벽에 딱 붙였고, 이렇게 해서 요즘에도 지중해 이슬람 국가들에 널리 퍼져있는 납작한 빵을 만들어냈다. 오븐은 고대의 고문화에서 처음 등장했다.

이렇게 말해도 된다면 '요리기술'의 진정한 혁명은 불에 견디는 도기 공법에 의한 질그릇의 대량 생산으로 가능했다. 그때부터 음식(그리고 소스)을 끓일 수 있었을 뿐만 아니라 맥주도 양조하고 알코올음료와 식료품, 또는 기름, 말린 과일, 향신료 등의 대규모 저장이 가능해졌기 때문이다. 예부터 음식과 음료의 조리는 기혼녀와 나이든 처녀들의 일이었다. 여기에는 솜씨와 창의력 외에도 상당히 많은 특정 지식, 무엇보다도 매우 고된 노동이 요구되었다. 우선 땔감을 넉넉히 구하고 날마다 물을 길어와야 했고 채소를 잘게 자르거나 절구에 넣고 빻아야 했으며 곡식의 껍데기를 벗기고 까부르고 손절구로 갈아 가루로 만들어야 했다. 끓이는 것 자체도 편한 일은 아니었다. 끓어오르는 음식을 계속 저어줘야 했기 때문에 여자들은 때때로 몇 시간씩 연기 나는 뜨거운 불 곁에 서 있었다. 그런 까닭에 따뜻한 나라들에서는 차라리 바깥에서,

**아프가니스탄 카불 근교의 파그만 마을의 하자라족이
빵 굽기용 구덩이로 빵을 굽고 있다.**

빵은 예부터 오늘날까지 지중해권, 중근동, 그곳과 이웃한 지역들의 농촌지역에서는 흔히 평평하게 만들고, 불로 단단하게 만든 단지 모양의 구덩이에서 굽는 것이 선호된다. 우선 구덩이를 가열하고 나서 땔감을 꺼낸 뒤 반죽을 얇게 혹은 좀 두껍고 넓게 펴서 내벽에 붙인다. 반죽이 옅은 갈색이 되고 바삭바삭해지면 즉시 떼어내거나 또는 저절로 떨어진다. 이 빵도 팬케이크처럼 뜨거울 때 먹어야 맛있다. 식으면 금방 맛이 없어지고, 그러면 보통 식사의 부식이나 '숟가락'으로 이용된다.

즉 집 뒤나 앞에서 요리를 했다.

사실상 전 세계적으로 화덕은 커다란 돌 세 개를 놓아 만들었는데, 이 돌들이 흔히 아래를 둥글게 만든 냄비나 솥을 확실히 받쳐주었다. 여자들의 작업 도구로는 냄비 외에 대개 강판과 손절구, 절구와 절굿공이, 칼, 바르는 데 쓰는 주걱과 막대기, 드물지만 젓는 데 쓰는 숟가락 및

민중의 음식 45

식품 보관용 갖가지 그릇, 예를 들면 단지, 항아리, 호리병, 바구니, 긴 나무통과 궤짝이 있었다.

여성과 화덕은 그런 밀접한 결합 체계를 형성했다. 북아메리카 동남부에 사는 체로키족의 경우 여성을 '**요리하는 자**'라고 불렀다. 그런데 중요한 예외 한 가지가 이 규칙을 깨뜨렸다. 예부터 동물의 사냥과 부위별 분해는 남성의 일이었다는 점이다. 그렇기 때문에 고기 요리는 나중에도 대체로—고대 그리스에서조차—남자들만 만들었다. 고기가 대개 특별한 축제나 종교적 계기가 있을 때만 상에 올라왔기 때문에, 다시 말해 주로 조상과 신에게 바치는 제물의 구성요소였고 조상과 신을 섬기는 일은 주로 남자들의 몫이었기 때문에 엄밀히 말하면 남자들은 고기 요리를 함으로써 매번 종교적 의무도 이행한 것이었다. 여자들은 일상의 **세속적** 필요를 위해 요리했다. 만약 남자가 요리를 하면 그것은 **종교 의식**이었다. 오늘날에도 남자들은 여전히—또는 다시—특별한 손님이 오면 앞치마를 두른다.

서술한 전제를 보자면 가족의 정찬은 불 위에서 냄비나 솥 하나로 조리할 수 있는 음식으로만 구성될 수밖에 없었다. 그런 까닭에 고대 사회뿐만 아니라 근대, 특히 농촌 사회에서는 적어도 하루에 한 번은 죽이나 스튜 요리를 먹었다. 기본 재료는 여건에 따라 카사바, 얌, 고구마, 타로 같은 구근식물, 기장, 쌀, 보리, 귀리, 옥수수 같은 곡물 또는 콩류 및 그때그때 수확할 만큼 익은 기타 야채였다. 아프리카인들의 기장죽은 유명한데, 예를 들면 북아프리카의 쿠스쿠스나 나이지리아의 **푸푸**가 있다. 푸푸를 만들려면 우선 기장 가루를 물에 풀은 뒤에 약한 불에서 계속 저으면서 한동안 끓이고 원하는 농도가 될 때까지 계속해서 가루를 첨가한다. 죽은 보통 손가락이나 손으로 냄비에서 떼어낼 수 있을 정도로 되어진다. 여기에 풍미를 더하기 위해 계절별 산물에 따라 다르게, 배합에 적절히 변화를 주면서 다양한 나뭇잎, 야생과실, 땅콩, 지방, 향신료로 만든 소스를 곁들인다. 역시 수단 서부의 종족인 풀베족과 하우사족은 죽을 작은 공 모양으로 만들어서 주로 산유와 함께 먹는다. 뉴기니의 부족들은 푹 삶은 판다누스 구과毬果로 만든 달짝지근한 소스를 열매죽에 섞는다. 중동, 가령 예멘에서는 역시 전통 음식인 기장죽에 그 지방에서 나는 야생풀 종의 씨로 만든 소스를 뿌리고 **빵**을 곁들여 먹는다. 증명된 바에 따르면 기타 지중해 지역에서는 이미 신석기시대부터 걸쭉한 보리죽과 밀죽을 주로 먹는다. 부식은 역시 주로 빵이고, 그 외에도 올리브와 양파가 있다. 부유한 가정에서는 야채 스튜, 특히 콩스튜와 렌즈콩 스튜가 교대로 상에 올랐고, 이따금 고기 건더기를 넣기도 했다. 시골에서는 여전히 이런 스튜를 즐겨 먹는다. 여기에 와인을 곁들여 마셨고 끝으로 과일을 먹었다. 그러나 전통적으로는 매일의 주요리에 따르는 전채와 후식은 없었다. 중유럽에서도 농부들과 도시 주민들은 오랫동안 곡물죽을 주식으로 했다. 가난한 사람들은 기장죽과 콩류, 양배추, 파스닙(당근과 비슷한 뿌리채소), 양파로 만든 스튜를 주식으로 했는데, 여유가 있으면 여기에 고기와 비계를 섞었다. 곁들여 빵을 먹었고 이미 말했듯이 주로 맥주를 마셨다. 밭일이나 여행을 할 때는 휴대 가능하고 **잘 부패하지 않는** 식량으로 끼니를 때웠는데, 식물 뿌리(예를 들어 당근), 재배과일이나 야생과실, 말린 렌즈콩과 콩, 완두, 견과, 완숙한 달걀, 베이컨, 치즈, 양파와 올리브 및 물, 맥주, 와인이 든 호리병이나 가죽부대로 구성되었다.

북반구에서는 어유, 비계와 유제품, 그 밖에 주로 다양한 식물과 꽃에서 추출한 기름, 그중에서도 유럽에서는 유채와 아마, 특히 너도밤나무 열매, 견과 같은 과실과 살구 씨 등의 과일 씨에서 얻은 기름으로 지방을 공급했다.

죽 요리와 스튜가 언제나 똑같은 맛일 필요는 없었다. 첨가된 지방은 차치하더라도 계절별로 바뀌는 야생 나물, 잎, 과일 등의 첨가물에 따라, 또 무엇보다도 곁들여 먹는 소스에 따라 맛이 달라졌다. 거기다 계속적인 맛의 세분화를 위해 채집하거나 재배한 특별한 향초가 거의 항상 이용되었다. 지중해 지역과 유럽에서는 예부터 캐러웨이, 딜, 파슬리, 마늘 등을 사용했고 나중에 장거리 무역이 시작되면서 후추, 정향, 계피, 육두구, 생강이 추가되었다. 일반적으로 대략 13세기부터 적어도 부자들의 부엌에서는 오늘날 일반적으로 먹는 것보다 양념을 더 맵게 했다. 로마인들은 심지어 이미 일종의 '마기'(스위스 제조업자 J. 마기와 그가 설립한 회사의 이름을 딴 짙은 갈색의 액상 조미료–옮긴이 주)를 알고 있었다. 그것은 바로 **가룸**(또는 **리콰멘**이라고도 함)으로 개인 소유 공장에서(특히 폼페이에서) 대량으로 제조하는 특히 매운 액상 조미료였다. 가룸을 만들려면 우선 저장용량이 대략 30리터 되는 통에 여러 종류의 절인 작은 생선과 소금, 말린 허브—대개 딜, 회향, 샐러리, 사보리, 다양한 민트, 루타, 크리핑타임, 러비지, 베토니, 고수, 오레가노를 혼합한 것—를 층층이 채운 후 내용물이 든 통을 이십 일 동안 햇볕에 내놓고 발효시키며 하루에 한 번 힘차게 저어줬다. 끝으로 여과한 다음 흔히 올리브유와 와인, 꿀과 후추를 추가로 섞어서 단지에 담아 팔았다. 중세 초기까지 이 양념은 유럽에서도 계속 사용되었다.

'민중의 음식'이 아무리 단조로웠어도 아무튼 아침식사와 주요리는 구분하였다. 예를 들어 북아메리카 동부 해안의 인디언들은 전날 밤에 잡아 불에서 말린 생선으로 만든 수프로 하루를 시작했는데, 여기에 옥수수죽을 곁들여 먹었다. 이집트의 오아시스 농부들은 특히 여름에 아침식사로 커드 찌꺼, 우유, 곡물 낟알, 레몬주스로 만든 상큼한 크림을 선호하고, 여기에 소금, 마늘로 양념을 해서 빵을 잔뜩 곁들여 먹는다.

 모든 축제행사는 전통적 요리기술의 특별한 절정을 이루었다. 그렇다고 해서 꼭 더 정교하게 요리한 것은 아니고 그저 더 푸짐하게 차렸을 뿐인데, 특히 육류를 상에 올렸고 폭음을 했다. 고문화의 가까운 영향권 안에 있었던 민족들에게는 가족의 생일잔치, 성년식, 결혼식이나 수확 후, 새해, 새 촌장의 취임 등을 축하하기 위한 마을 축제 등 특별한 계기에 먹는 특별한 음식이 있었다. 그런 때에 수단 서부에서는 평소에 먹는 죽에 풍미를 더해 일종의 푸딩을 만들었다. 우선 발효시킨 묽은 기장가루 반죽에 끓는 물을 부어 적당한 농도로 만든다. 그런 다음 반죽이 든 냄비를 불에 올려놓고 계속 저어주면서 부드럽고 매끈한 푸딩이 될 때까지 푹 끓였다. 끓인 반죽을 작은 공 모양으로 빚고 잎으로 싸서 식힌 다음 갖가지 소스를 곁들여 먹었다. 독일에서는 중세 후기에 좋은 일이 있을 때 이른바 '흰음식'을 먹었다. 이것은 쌀가루, 빻은 아몬드, 염소젖, 다진 닭고기, 식용유지, 설탕으로 만든 죽 요리로 금방 커다란 인기를 누려서 13~15세기에 프랑스(블랑망제)와 이탈리아, 스페인에도 전해질 정도였고, 각국에서 다시 '개량되었다'. 다시 말해 추가로 생강, 계피, 정향, 소두구, 육두구, 포도, 사프란, 양파를 섞거나 양념했다. 유럽의 일부 지역, 예를 들어 스웨덴에서는 오래된 죽 요리가 나중에 크리스마스에 꼭 먹는 음식이 됨으로써, 그러니까 **성스러운 음식**으로 격상됨으로써 그 중요성을 유지하였다.

특히 예수 탄생일 이전의 향연 기간은 교회의 풍습에 다양하게 살아남았다. 유럽 곳곳에서 크리스마스 전야, 크리스마스 당일, 성목요일, 성금요일, 부활절 그리고 다른 교회 축일에 아주 특정한 음식을 먹도록 규정했던 것이다. 크리스마스 전야에는 보통 성금요일에도 그렇듯이 주로 생선요리를 먹었는데, 가령 스웨덴에서는 깍지콩과 완두를 곁들인 말린 대구를 먹었고 또 돼지머리(옛날 이교도의 유산으로 보인다)도 먹었다. 성목요일에는 허브 수프와 달걀을 먹었고, 슈바벤에서는 마울타쉔(고기가 아니라 **허브**로 속을 채운 것)을, 부활절에는 양고기를 먹었다. 빵과 비스킷도 다양하게 변화를 줄 수 있었다. 갖가지 양념을 치고 납작한 빵에 생선과 올리브, 양파로 장식하고(요새 그토록 즐겨먹는 피자의 원형이다!) 빵 반죽이나 구운 빵 덩어리에 여러 가지 속을 채워 넣고 빵을 꿀로 달게 하거나 빵에 과일을 넣고 구워서 케이크와 파이가 탄생했고, 축제에 맞는 특정한 형태의 빵을 만드는 일이 빈번했다. 그런 '특수 모양 빵'은 교회 축일의 음식 관습에 다양하게 계속 살아남아 있다.

특이한 점은 축제 음식에서, 특히 결혼식, 크리스마스, 새해 첫날에 먹는 음식에서 단 것, 이를테면 가능한 모든 형태의 꿀과자와 설탕과자가 특별한 역할을 한다는 사실이다. 예를 들어 지중해의 이슬람 국가들에서는 축제 때 꿀과 과일 소로 달게 만든 얇은 팬케이크를 대표적인 음식으로 대접한다. 서미크로네시아 팔라우 군도의 한 섬인 벨라우에서는 새 촌장이 취임할 때도 손님들에게 무척 비싼 열대 아몬드 빻은 것을 넣은 단 음식을 내놓는 풍습이 있다.

그 이유는 두 가지였다. 모든 축제가 **의미심장한 전환기**로서, 이런 과도기에 했던 일은 모두 새로 시작될 시기에 **주술적으로 구속력 있는** 적절한 영향을 끼친다는 생각이 결부되어 있었다. 그런데 감미료는 전통적 고문화뿐만 아니라 전근대 고문화에서만 해도 아직 **매우 희귀했다**. 몇몇 과일을 빼고는 예부터 꿀이 일반적인 감미료였지만 사용할 수 있는 양은 언제나 적은 편이었다. 단지 고대의 고문화에서만 꿀 외에 졸인 포도, 건포도, 대추, 무화과를 사용했다. 사탕수수로 만든 설탕(감자당)은 7세기에 처음으로 인도에서 근동으로 수입되었다. 10세기에 아라비아인들이 시칠리아에 사탕수수를 도입했다. 얼마 후 십자군 전쟁을 계기로 유럽에도 이 새 감미료가 소개되었지만 오랫동안 극소수만이 사먹을 수 있는 사치품으로 남아있었다. 두루 쓰이게 된 것은 빨라야 18세기부터이다. 사탕무로 설탕을 만들게 된 것은 근대 후기에 들어서이고, 결국 19세기에 과거 상류층의 부엌에서나 쓰였던 옛 기호품의 값이 폭락

하는 결과를 낳았다. 오늘날 설탕은 더 이상 특별하지 않다. 식당에서 공짜로 줄 정도니까. 특혜이긴 하지만 '몸매'나 치아에 대한 걱정 때문에 많은 사람들이 이런 특혜를 누리는 것을 꺼림칙하게 여기고 있다.

희소가치가 있는 것은 항상 특별한 힘을 지니고 있다, 다시 말해서 **축복을 준다**고 여겨졌다. 단 것을 먹음으로써—우리가 아직도 크리스마스와 생일 때 특히 아이들에게 과자를 선물하는 게 다 그만한 이유가 있는 거다—사람들은 말하자면 바로 코앞에 닥친 삶의 단계와 시기에 '달콤하게 해주는', **행운을 가져오는** 영향을 끼칠 수 있기를 바랐다. 지금도 여전히 세계 곳곳에서 결혼식에, 또한 장례식에 산더미 같은 과자와 케이크가 상에 오르고, 결혼식 하객들은 갖가지 종류의 사탕, 초콜릿 등을 대접받으며 신혼부부 역시 본격적인 사탕 세례를 받는다.

과거에 단 음식이 지녔던 **성스러운**, 또는 주술적인 의미의 마지막 여운이 아직도 그것을 특별한 부식으로 먹는, 적어도 얼마 전까지만 해도 **일요일과 공휴일**에만 '후식'으로 먹는 관습에 계속 살아남아 있다. 이미 말했듯이 예전에는 일반적으로 주요리가 항상 딱 한 코스로만 되어 있었다.

4. 신들의 음식
영원한 젊음과 불멸을 보장하는 넥타르와 암브로시아

태초에 아직 인류가 이 세상 한가운데 어딘가 꽃이 만발한 낙원 같은 환경에서 살았을 때, 그때는 말하자면 **언제나 휴일**이었다. 언제나 먹을 게 풍부했다. 그런데 거기서도 단 음식은 특히 중요했다.

전 세계에 퍼져 있는 설화들에 따르면 그때에는 아직 하늘과 땅이 가까웠다. 사람들은 언제라도 거미줄이나 덩굴식물, 사다리, 거대한 나무를 타고 하늘에 다다를 수 있었다. 신들, 심지어 조물주마저도 자주 인간의 곁에 손님으로 머물렀다. 아무도 일용할 양식을 걱정할 필요가 없었다. 만물이 차고 넘칠 정도로 풍부했다. 그런데 낙원의 식탁은 **식물성** 먹거리로만 상다리가 휠 정도였다. 인류는 주로 과일을 먹고살았던 것이다. 말레이 반도 중앙에 사는 취옹족의 신화에 따르면 한 가족 전체가 하루에 딱 한 개의 과일만 먹으면 충분했다고 한다. 가장 맛있는 과일은 사람들의 머리 바로 위 하늘에서 번성했다. 그러니까 그 과일을 따려면 어찌됐든 밧줄이나 덩굴식물, 나무를 타고 올라가는, 물론 그다지 힘들지 않은 수고를 해야 했다.

낙원의 음식은 과일 외에 꿀과 물, 젖으로 이루어졌고 때때로 와인도 끼었다. 사람들은 흔히 낙원이 만물 위에 우뚝 솟은 세계 산의 정상에 있고, 그곳에서 지하세계와 중간세계, 상부세계를 서로 연결해주는 거대한 세계수世界樹가 뻗어 나와 있다고 생각했다. 세계수의 가지와 잎에서는, 게르만족의 신화에 나오는 세계의 물푸레나무 위그드라실처럼 끊임없이 꿀이 흘러나오고 동틀 무렵에 그 꿀이 지상으로 방울져 떨어져 내려 꽃받침을 채우면 이윽고 벌들이 와서 꿀을 모은다. 유라시아의 전설들에 따르면 나무의 밑동에는 젖으로 된 호수가 둘러싸고 있거나 혹은 수정처럼 맑은 샘물이 솟았다. 다른 설화들, 즉 인도 특히 고대 근동의 설화들에 따르면 이 샘은 네 개의 큰 강, 그러니까 물이 흐르는 강, 젖이 흐르는 강, 꿀이 흐르는 강, 술 또는 기름이 흐르는 강으로 흘러들었다(코란 XLVII 16

참조).

인류가 낙원에 살던 동안에는 질병도 죽음도 그들을 괴롭히지 않았다. 달콤한 과일, 꿀이슬, 샘에서 솟는 젖과 물은 그들에게 신들이 누린 것과 같은 불멸성을 부여했다. 그런데 신들과는 달리 인간에게는 영생이 조건부로만 주워졌다. 덜 완벽한, 다시 말해 병에 걸리기 쉽고 그런 까닭에 죽을 가능성이 있는 성질의 피조물인 인간은 불복종하거나 온당치 않은 행동을 했다가는 언제라도 이런 특혜를 박탈당할 수 있었다. 후에 인류가 지금 우리의 처지처럼 실제로 죽어야 할 운명이 된 것을 보면 그 언젠가 부주의한 행동으로 특혜를 상실한 것이 분명하다.

이와 관련해 여러 가지 설화가 퍼져 있다. 일부 설화에 따르면 신들이 낙원의 특정한 과일들을 자기들의 전유물로 삼았고 인간은 손대지 못하게 했다고 한다. 아마도 조물주와 지나치게 비슷해지고 **완전한** 불멸의 존재가 되지 않도록 하기 위해서였을 것이다. 그것은 성경(창세기 2:17-18)에 따르면 저 유명한 '선악을 알게 하는 나무'의 과실이었고, 동지중해권의 민간설화에 따르면 '밀나무'였다. 다른 설화들에서는 근심 없는 삶이 인류를 아주 간단히 생각 없고 방자하게 만들었다고 한다. 게다가 아무도 죽지 않았기 때문에 인간의 수가 계속 늘어나서 얼마 지나지 않아 긴장과 시기, 다툼이 생겼다. 개별적 이유가 무엇이었든 간에 인류는 결국 부주의나 오만방자, 또 대단히

죄 많은 행동을 통해 경솔하게도 신들의 은총을 시험하였고 그럼으로써 질병, 고통, 죽음을 감수하게 되었다. 수단 누바족의 한 무리인 코룽고족의 경우에는 낙원이 어떤 산봉우리에 있었다. 거기에서 코룽고족의 조상들은 본디 평화롭고 행복하게 살았다. 그러나 시간이 지나면서 그곳이 너무 비좁아지자 그들은 순전히 심심풀이로 '장례' 놀이를 하기 시작했다. 장엄한 행렬을 지어 나무줄기 하나를 무덤으로 지고 가서 제례를 갖춰 땅에 묻었다. 그 불경한 소극笑劇이 신의 화를 불렀다. 신은 그 말썽꾸러기들에게 벌로 질병과 죽음을 내렸다. 이런 결과에 깜짝 놀란 사람들은 고향 낙원을 떠나 사방으로 흩어졌다. 또 다른 설화들에서는 인간들이 훨씬 더 고약을 떨었다. 지나치게 과식하고 거리낌 없이 근친상간을 저지르고 기분이 내키면 언제라도 서로 폭력을 휘둘렀으며, 심지어 서로 잡아먹기까지 했다. 몹시 실망한 조물주는 자신의 권위를 조롱하는 것을 더 이상 용인하지 않았다. 그는 하늘과 땅을 연결하는 밧줄을 잘라버리고 사다리를 쓰러뜨리고 나무를 인간의 눈에 보이지 않게 만들었다. 하늘은 닿을 수 없을 정도로 높아졌다. 악행을 저지른 자들은 낙원에서 추방되었다. 신은 자주 거대한 홍수가 인류를 덮치게 했고 오직 소수만이 거기서 살아남았다. 그때부터 인류는 **죽을 운명**이 되었고 '밭의 채소'를 먹고 고달프게 살아야 했다. 경작지는 인류의 죄 때문에 저주받았고 인간들에게 '가시덤불과

엉겅퀴'를 내주었다. 그들은 '얼굴에 땀이 흘러야' 일용할 양식을 먹을 수 있었다(창세기 3:17-19).

> 휴고 반 데어 구스(1440~1482경)의 〈원죄〉. 나무에 유화. 빈 미술사박물관.
> 맛있는 과일이 넘치는 낙원의 이미지는 거의 전 세계적으로 퍼져 있었다. 낙원 한가운데에는 하늘과 땅을 이어주는 거대한 나무가 우뚝 솟아 있어서 신과 인간들이 서로 방문하고 교류할 수 있었다. 밤이면 나뭇가지에서 꿀이슬이 흘러 내렸다. 그 발치에서는 샘이 솟아나거나 젖으로 된 호수가 있었다. 과일, 꿀, 물 또는 젖은 순전히 채식만 하고 살았던 당시 죄 없는 인간들에게 영원한 젊음과 건강, 영생을 선사했다. 방자하고 무분별하거나 신의 계명을 무시한 탓에 인류는 특혜를 박탈당했고, 덕분에 낙원을 떠나 그때부터 '얼굴에 땀이 흐르면서' 생계를 위해 일해야만 했다.

낙원에서 추방된 이후 인류에게는 글자 그대로 쓰디쓴 시절이 시작되었다. 꿀은 아주 조금밖에 없었다. 나무나 높은 바위틈에 있는 벌 둥지에서 꿀을 찾아내어 빼내려면 노력이 필요했고 목숨이 위태로워지기도 했다. 과실들은 성숙기에만 완전한 단맛을 냈고 건조시키려고 해도 대개 별로 남아있지 않았다. 설탕은 앞에서 말했듯이 아주 뒤늦게야 등장했고 오랫동안 사치품으로 남아있었다.

반면에 신들에게는 꿀과 잘 익은 과일이 결코 고갈되지 않고 언제나 풍부했다. 그런 까닭에 이 두 가지는 신들이 누리는 불멸성의 확고한 원천으로서 이후에도 젖과 일부는 녹인 버터(예를 들어 인도아리안계 민족들의 경우), 또 그것으로 만든 취하게 만드는, 다시 말해 굉장히 힘을 주는 음료와 더불어 신들의 주식이었다. 꿀술을 뜻하는 게르만어 '메트Met'가 어원상 고대인도어 *madhu*(꿀술)와 그리스어 *méthy*('술')와 기원이 같은 것은 다 그만한 까닭이 있어서다. 그러나 올림포스 산의 신들은 한 가지 **청량음료**를 선호했다. 넥타르라 불린 이 음료가 어떤 재료로 만들어졌는지는 확실하지 않다. 어쨌든 꿀이 중요한 성분이었던 것으로 보인다. 관련 글귀에 따르면 신들의 음식인 암브로시아에는 과일이 들어있던 것으로 추측된다. 넥타르와 암브로시아를 마시고 먹음으로써 신들은 영원한 젊음과 불멸을 보장받았다.

하지만 고대 철학자인 티레의 포르피리오스(234~305경)의 주장대로 신들은 순전히 **영적인** 존재로서 고형음식이 아니라 항상 음식의 가장 순도 높은 물질로 된 부분의 진액만을 먹었다. 많은 민족들은 신들이 음식의 **향내만을** 섭취한다고 믿었다. 성경에는 천사에 대해서도 비슷한 이야기가 나온다. 외경 토비트서의 끝부분에서 자선가는 피보호자인 토비아와 그의 아버지에게 자기 정체가 라파엘임을 밝히고 자신의 영적 성질을 다음과 같은 말로 설명한다. "당신들은 내가 먹고 마시는 것을 보았지만 내가 정말 먹은 것은 아닙니다. 그저 그렇게 보였을 뿐입니다. 나는, 인간에게는 보이지 않는 음식과 음료를 필요로 합니다"(토비트서 12:19; 사사기 13:16 비교).

제물 봉헌은 이런 상상들을 적절히 고려했다. 신들에게, 또는 집의 정령, 수호신, 조상들에게 비슷하게 바치는 제물로는 꿀, 동물 젖(버터)을 선호했고 일부는 꿀과자, 케이크(예를 들어 기장 케이크), 과일을 섞어서 바쳤으며, 여기에 꿀술, 포도주와 야자와인, 우유 화주(아시아 내륙) 및 기장, 보리, 옥수수, 카사바 등으로 만든 맥주를 곁들였다. 조상들의 경우에는 무덤에 음료를 붓고 음식을 바쳤는데, 예를 들어 유럽에서는 꿀케이크를 바쳤고 일부에서는 매장할 때 무덤 속에 음식을 같이 넣어줬다. 구운 음식을 신들에게 대접해야 한다고 믿기 시작한 것은 고대의 고문화에 이르러서였다. 그때는 대개 '번제燔祭'를 올렸다. 연기가 영적인 양질의 물질을 재빨리 위로 가져가는 동안 아래에서는 지상의 존재들이 덧없는 거친 음식을 먹었다.

신들에게 제사음식은 존경의 표현에 불과했다. 신들의 불멸성을 보장하는 데 인간은 필요 없었다. 하지만 인간은 정령들이 **장수**를 누리게 도왔고, 꿀과 젖, 취하게 만드는 음료가 죽은 자들을 적어도 무덤을 넘어 '살아있게 만들었는데', 그들이 3~5세대 후에 지상에서 다시 누군가의 몸에 체화되어 환생할 수 있도록 함으로써 조상들에게 '손상된' 형태로나마 잃어버린 불멸성을 보장했다.

원죄의 짐이 모든 사람을 죽는 날까지 굴복시키지는 못했다. 소수의 사람들은 흠잡을 데 없이 모범적으로 살면서 신 앞에서 많은 업적을 쌓을 수 있었다. 덕분에 신이 은총을 내려 저승으로 가는 길을 면해주고 그들의 종말이 찾아왔을 때 그들을 멀리 떨어진 낙원으로 '되돌려' 보냈다. 그들은 그곳에서 옛날에 조상들이 그랬듯이 천상의 음식을 먹었고 그때부터 다시 영생을 누렸다. 아무르강 하구에 사는 수렵어로민인 골드족의 신앙에 따르면 낙원에서는 주로 물고기와 야생동물이 넘쳐났다. 카프카스의 설화에 따르면 의로운 자들은, 비록 눈에 보이진 않지만 예나 지금이나 다름없이 땅과 하늘을 이어주는, 머리핀처럼 좁은 다리를 무사히 건너 저세상에 있는 낙원에 도달한다. 낙원은 눈처럼 새하얀 요새로, 안에 들어가면 그들을 위해 천상의 음식이 차려져 있는데, 음식을 먹지 않고 쳐다보기만 해도 배가 부르다. 흔히 사람들은 지복자至福者들의 낙원 같은 정착지가 지구를 둘러싼 대양의 저편 섬들에 있다고 믿었다. 가령 헤시오도스(기원전 8세기말)에 따르면 제우스가 태고의 위대한 영웅들을 그곳으로 보냈고, 거기서 "그들은 이제 근심을 덜어내고 낙원의 섬들에서 오케아노스(그리스 물의 신-옮긴이 주)의 소용돌이 옆에 살고 있다. 대단히 행복한 영웅들이다. 왜냐하면 식량을 선사하는 땅이 그들에게 일 년에 세 번 **꿀처럼 달콤한 과일들**을 익게 해주기 때문이다"(『노동과 나날』 170-173). 다른 그리스 설화들에 따르면 라다만티스(제우스와 에우로페의 아들. 이승에서는 뛰어난 지혜와 정의로 널리 알려진 크레타 섬의 입법자였고 저승에서는 미노스, 아야코스와 함께 3대 재판관이었다-옮긴이 주)와 메넬라오스(스파르타의 왕으로 미케네의 왕 아가멤논의 동생. 트로이 왕자 파리스가 아내 헬레네를 유혹하여 트로이로 데려가자 그리스 각지에서 군대를 모아 트로이 전쟁을 일으켰다-옮긴이 주) 같은 태고의 위인들은 세상의 끝에 있는 엘리시온의 향기로운 과수원 그늘에서 놀이와 음악, 유쾌한 축제를 즐겼고, 과수원의 **달콤한 과일들**이 그들에게 영생을 선사했다. 켈트족이나 그보다 후의 아일랜드인들도 그런 섬들(애벌론, 팔가 등)의 존재를 믿었는데, 이를테면 부상당한 아서왕이 그곳으로 옮겨져서 쾌유했다고 생각했다. 또는 그곳으로 인도된 자들에게 영생을 선사하는 **과실수**와 훌륭한 음식, 음료가 넘쳐나고 날마다 음악과 잔치가 끊이지 않는 '아름다운 지역'(예를 들어 마그 모르)이 있다고 믿었다. 반면에 많은 공을 세운 게르만족 전사들은 일종의 무장 천사인 발키리들에 의해서 전투용 말을 탄 채 싸움터에서 천상의 요새인 발할라로 납치되었고 거기서 날마다 빛이 환하게 비추는 홀에 있는 긴 식탁에 앉아 죽지 않는 멧돼지 새립니트 고기, 뿔로 만든 술잔에 가득 든 **꿀술과 젖**으로 아주 성대한 대접을 받았다. 끝으로 멀리 폴리네시아의 쿡제도 남부 군도의 망가이아 섬에서는 전사한 영웅들이 좀 덜 전투적인 방식이지만 남태평양의 유쾌한 분위기에 어울리게 향기 나는 하얀 치자꽃, 노란 연꽃, 판다누스야자의 황금빛 열매, 심홍색 도금양, 월계수의 종 모양 꽃들로 만든 화환을 건 채 가장 높은 천상으로 올라갔다. 그들은 사후의 나날을 다시 노래와 춤, 잔치로 보내며 명예롭지 못하게 세상을 뜬 평범한 망자들의 저승인 아와이키를 내려다

보고 만족감을 느끼고 그곳에 경멸적으로 배설물을 떨어뜨렸다.

그런데 민족 전체가 선택받은 자에 낄 수도 있었다. 이스라엘인들이 이집트를 떠난 뒤 굶주리며 시나이 반도의 황야를 지나고 이집트의 빵과 고기 가마를 그리워하기 시작했을 때 주님은 그들에게 메추라기 떼를 보내고 한밤중에 하늘에서 '만나'를 비처럼 내리게 했다. 시편 저자는 이를 '하늘 양식'이라고 말한다(시편 78:24–25). 왜냐하면 사람들이 그것을 천사의 음식이라고 믿었기 때문이다. 그것은 **'꿀 섞은 과자'** 같은 맛이었다. 모세의 명령으로 그들은 매일 아침 모여 '사람 사는 땅에 이르기까지 사십 년 동안 만나를' 먹고살았다(출애굽기 16:1–35). 기적을 별로 믿지 않는 자들은 성경 이후의 시기에 만나가 만나위성류 Tamarix mannifera의 가지에 사는 작은 곤충인 만나 밀리버그Trabutina mannipara의 꿀처럼 투명한 분비물이라는 사실을 알아냈다. 이 분비물은 지금도 여전히 시나이 반도에서 발견되고 그 밖에 페르시아와 아나톨리아에서도 발견된다. 베두인족은 아침 일찍 개미떼에게 선수를 뺏기기 전에 만나를 모아 단지에 밀봉 저장하는데, 그 까닭은 만나가 거의 영구적으로 보관 가능하기 때문이다. 대개 그것을 다른 음식에 곁들이는 반찬으로 먹거나 이란에서처럼 밀가루, 꿀과 섞어서 과자를 굽는다.

만나는 이스라엘인들이 황야 행군을 버티어내고 결국

그들에게 약속된 '젖과 꿀이 흐르는'(출애굽기 13:8-17) 땅에 도달하게 도왔다. 이는 영생의 미리 맛보기로 그들에게 지상의 '준準 낙원'을 주기로 했다는 명백한 은유이다. 실제로 관용어와 상상은 분명히 구체적인 경험을 바탕으로 하는 법이다. 정말로 아라비아의 베두인족은 몇 주, 몇 달 동안 거의 양젖과 꿀만 먹고살 때가 많다. 이를 증명하기 위해 실험을 실시한 결과, 인간이 적어도 석 달간 오로지 우유와 꿀만 먹고살 수 있으며 그래도 체중 감소나 노동능력 저하, 기타 어떤 이상에도 시달리지 않는다는 점이 밝혀졌다.

그 후의 동화, 사가Saga, 전설의 시대에는 극소수의 선택된 자들만이, 그것도 한정된 기간 동안만 '축복의 땅'에 도달했다. 동화의 영웅들은 길고 위험천만하지만, 당연히 선한 정령들이 줄곧 그들을 도와주는 여행 끝에 갑자기 마술 정원에 도착하는데, 그곳에는 나무에 황금 과일이 달려 있고 물이나 젖, 꿀이 나오는 샘이 있는 수정으로 만든 성이 우뚝 솟아 있다. 영웅은 대개 샘물을 마시지도, 음식과 과일을 맛보지도 않는다. 죽을병에 걸린 왕을 치유하기 위해 그 일부를 가지고 고향으로 돌아가야 하는 엄한 임무를 부여받았기 때문이다. 낙원의 음식은 낙원 밖으로 가져가면 불멸성을 선사하지 않지만 그래도 여전히 **생명을 연장시키는** 특별한 치유력이 있다. 카프카스의 오세트족의 전설에 따르면 영웅이 낙원의 우유 호수에서 목욕을 하면 적어도 젊음을 되찾는다. 만약 불멸성을 얻고 싶다면 특별히 선택된 자에 들어야 했고 다시는 현세의 삶으로 되돌아올 수 없었다.

동물들이 말을 할 수 있고 마법사들이 인간의 운명에 간섭하고 우둔한 영웅이라도 기적을 일으키던 시대는 벌써 오래 전에 지나갔다. 그러나 그 후에도 남들보다 이름을 떨치고 모범적으로 살아서 신이나 조상들이 호감을 가지고 지켜보는 사람들은 항상 있었다. 그들은 직무상으로도 이미 고위층, 즉 사제와 세속의 수장들이었다. 그런 면에서 옛 지중해권과 아프리카의 많은 문화에서 꿀과 꿀로 만든 음료는 족장, 제후, 왕, 사제가 먹는 음식의 전형적인 구성요소였음이 분명하다. 둘 다 이들에게 바쳐야 했던 선물이나 공물의 의무적인 구성요소이기도 했다. 일반적인 견해에 따르면 꿀과 꿀 음료의 섭취는 특별한 방식으로 신체와 이성을 강화했고 행복, 명성, 지혜의 획득에 도움이 되었다.

꿀과 꿀 음료는 최고 지위에 있는 책임자들에게도 주어졌다. 그들은 조상과 신들 가까이에 있었다. 그들에게는 특별한 음식이 신분상의 특권이었다. 반면에 나머지 사람들에게 신들의 음식이라는 선물은 그들이 위급한 처지에 있거나 허약해졌을 때 **정력 보강용**으로 허용되었다. 예를 들어 병자에게는 꿀 음료를 치료제로 처방했다. 무엇보다도 영혼이 내세에서 머물다가 이제 막 현세로 옮겨오기 시작한 신생아에게 젖을 물리기 전에 꿀을 조금 먹이는 일이 잦았다. 따라서 꿀과 젖은 지상에서 인간이 먹는 첫 번째 음식일 경우가 많았다. 인간으로의 이행을 구미 당기게 만듦과 동시에 필요한 생명력을 부여하기 위해서 말이다.

애초에 신들이 전례를 남겼다. 제우스도, 인드라도(그리고 다른 신들도) 다 태어나서 먼저 꿀을 먹었고 그러고 나서 젖을 먹거나 둘을 혼합한 것을 먹었다. 이사야(7:15) 역시 꿀과 젖을 전적으로 갓난아기의 음식으로 여겼다. 초기 기독교의 견해에 따르면 신생아는 꿀과 젖을 먹음으로써 비로소 참된 생명을 얻었다. 이에 상응하여 새로 개종한 어른들에게도 세례(그들의 '신생') 후에 우선 꿀과 젖이 든 잔을 내미는 일이 관례였고, 이것은 오늘날에도 콥트교회와 에티오피아교회의 세례의식의 일부이다. 둘 다 초기 기독교 여러 교구에서 빵과 와인, 기름과 함께 성찬식의 고정 요소였다. 더 나아가 꿀과 젖은 **환생 의식**에서도, 미트라교와 이슬람의 푸투와 연맹들에서 그러하듯이 사제로 임명된 자의 축하음식으로 마무리 축제 동안 중심 역할을 했다. 그리고 꿀이 결혼식의 절정에 신랑신부의 공동 예식 식사에 들어있거나 아니면 새 집에 들어갈 때 신부에게 꿀을 건네는 경우가 아주 많다는 사실도 이러한 견해와 일맥상통한다. 왕들도 즉위식을 마치면서 꿀을 먹었고, 혹은 왕에게 꿀을 부었다. 이를테면 고대 인도에서는 녹인 버터와 섞어서 먹었다. 가족을 잃어서 곡을 해야 할 경우에도 유족들은 장례 만찬 때 꿀과 젖(또는 버터)을 먹고 원기를 돋우었다.

영혼의 구제를 특히 중요하게 여겼던 사람들은 '지상에서 해방된' 금욕적인 생활을 함으로써 원죄라는 상속 부채에서 벗어나고자 했다. 그들은 내적으로나 사회적으로, 흔히 공간적으로도 사회를 멀리했고 금식하고 고행하였으며 **순전히 채식**만 했다. 일부는 젖과 낙농제품, 그러니까 말하자면 낙원의 음식을 먹었는데 고대에 피타고라스학파와 다른 학파의 철학자들이나 밀의密議 집단, 썩어빠진 세상의 임박한 종말에 제대로 대비하려고 했던 종말론 종파의 추종자들이 바로 그러했다. 인도에서는 특히 열성 불교신자나 브라만들이, 초기 기독교사회에서는 은자들이, 그리고 나중에 중세 때는 유럽의 숲에 은둔하며 채집한 먹거리를 먹고살았던 많은 성자들이 그러했다. 13세기부터 대단히 독실한 여성 기독교도들은 세속의 음식을 완전히 포기하고 순전히 '하늘에서 내린 빵'만 먹고살았다. 하늘에서 내린 빵이란 바로 예수와 복음서 저자들이 만나와 동일시하였고(요한복음 6:32, 48; 고린도전서 10:3-4) 현세의 삶이라는 황야를 지나는 순례길에 원기를 보강하라고 천사들이 그들에게 전해줬던 성체였다. 시에나의 성 카타리나(1347~1380)는 죽기 전 여러 해 동안 오직 천사들의 손에서 전해 받은 이 빵만을 먹고살았다. 그 결과 그녀는 자신이 자기 육체 안에 있는지 또는 밖에 있는지 모를 때가 많았다. 이 사람들의 목표는 모두 신들이 아직 인간들 틈에 머물렀던, 잃어버린 낙원의 상태에 되도록 가까이 가는 것, 말하자면 원죄 전으로 거슬러 올라가는 것이었다.

시에나의 카타리나와 마찬가지로 다른 사람들도 그럼으로써 '눈이 떠졌다'. 죽어가는 자들과 무아경에 빠진 자들은 저세상으로의 문턱 가까이에서 흔히 형안의 재능을 얻었다. 세례 요한 같은 예언자들이 꿀을 즐겨먹은 것도 다 그만한 이유가 있어서였다. 북구의 신들에게는 꿀술이 무한한 생명력을 줄 뿐만 아니라 지혜와 미래를 보는 재능까지도 주었다.

일 년에 한 번 낙원이 **모든** 사람들에게 새로이 희망을 불러일으키면서 다가왔다. 바로 대규모 수확제 기간, 즉 '새해', 자연과 사회의 전환점이자 **회귀기간** 동안에 그랬다. 사람들은 얼굴에 땀을 흘려서 성공적으로 일용할 양식을 거둬들였다. 하지만 다음해에도 성공할까? 그런 축제들이 추구하는 소망은 결국 태고의 원죄로부터 생존을 보장하는 생활 질서의 정착으로의 중대한 이행을 **주술 의식**으로 확실히 하는 것이었다. 주술 행사들은 뜻하는 바를 의식상으로 객관화함으로써 말하자면 '확실하게 만들고' 더 잘 통제하고, '장악할' 수 있도록 그것을 명명하고 서술하고 명시한다. 사람들은 지나간 일을 재현했다.

이런 목적으로 촌락 공동체가 은둔에 들어갔다. 축제 기간에는 외지인에게 마을 출입이 허용되지 않았다. 마을 사람들은 태초의 조상들이 그러했듯이 완전히 자기들끼리만 전래되어 온 질서를 보존하였다. 다시 말해서 온 마을이 그 옛날 원죄와 영생의 상실을 유발했던 혼돈 상태로 **되돌아갔다.** 무법천지가 시작되었다. 집집마다 불이 꺼지고, 노동은 중단되었다. 통용되어 오던 모든 규칙, 규범, 금기가 효력을 상실했다. 남녀가 역할과 의상을 바꿨다. 아이는 부모에게, 아내는 남편에게 남들 앞에서 욕을 하고, 심지어 손찌검도 할 수 있었다. 도둑질을 하고 폭력을 휘둘렀다. 길에 주사위가 굴러다녔고 집과 농장을 걸고 노름을 했다. 술잔이 돌았다. 부부간의 정절도, 족외혼 규정이나 근친상간의 금기도 통용되지 않았다. 사람들이 서로 싸우다 때려죽이는 경우도 적지 않았다. 그렇다 해도 그들을 고소하지 못했다. 그리고 옛날처럼 신들이 사람들 틈에서 거닐었다. 신들은 조상들과 연합하여 양쪽 다 가면을 쓴 채로 인간들의 행동을 제지하려고 노력했고 질책과 즉결재판을 통해 그들을 처벌했다. 이때만큼은 인간이 그 어느 때보다 신에게 가까이 다가갔다고 카프카스 북서부의 체르케스족은 확신했다.

대개 사흘에서 십이일 후에 소동은 끝났다. 사람들은 다시 불을 지피고 몸을 씻고 집과 마을, 공공건물을 청소하고 부서진 데를 손보고 깨끗한 옷이나 새 옷을 입고 그 전해에 범했던 모든 죄에서 벗어났다. 개인적으로는 고해와 조상, 신들에 대한 보상 제물 공헌을 통해, 마을 단위로는 오염시키는 오래된 악의 더미를 '속죄양'—동물이나 사람—에게 짊어지움으로써 그렇게 했는데, 그 속죄양을 마을 경계 밖 황무지로 내쫓거나(죽이는 경우도 종종 있었다) 다른 방법으로 '처리했다'. 예를 들어 아삼의 아오 나가족은 사제가 마을을 돌아다니면서 주민들에게 과거에 저질렀던 죄악을 전부 버리라고 아주 큰 소리로 요구했다. 종자가 바구니를 들고 사제를 뒤따라갔고, 누구나 뭔가를, 대개는 낡은 헝겊이나 더러운 면 조각을 바구니에 던지며 "모든 악아 물러가거라!"라고 말했다. 순회를 끝낸 후에 사제와 종자는 강으로 가서 "강물아, 악을 전부 휩쓸어 가거라."라고 말하면서 쓰레기를 강물에 버렸다.

그러면 사회는 다시 태초의 아침처럼 죄가 없게 되었다. 그리고 잠깐 동안 정말로 태초의 낙원 같은 상황이 재현되었다. 널리 퍼진 믿음에 따르면 '그 성스러운 밤'에 축제가 절정에 이르렀을 때 동물들, 심지어 풀과 나무들도 인간의 언어로 서로 이야기를 나누었다. 하늘은 다시 열려서 그 안 깊숙이까지 들여다볼 수 있었고 때때로 신조차 보였다. 모든 하천과 바다가 **치유력**을 가졌다. 샘이나 강, 호수에서 멱을 감으면 상처가 아물고 모든 고통에서 치유되었고 다음 한 해 동안 마법과 재난에서 보호되었다.

마침내 축제가 끝날 무렵이면 사람들은 뒤집혀진 질서를 다시 바로 세웠다. 마을의 고위 인사들은 직위를 인정받거나 새로 임명되었고, 기존의 의무와 협약들이 재차 맹세되었다. 사람들은 유쾌하고 자유분방하게 축하했고 '있는 힘껏' 어울려 먹고 마셨다. 뭐든지 다 푸짐했기 때문이다. 특히 **단 음식**과 **'알코올'** 음료가 내용면으로나 효과면에서 당연하고 정해진 특별한 역할을 하였다. 만물이 **재창조**된 것처럼 보였다. 사회는 태초에 그랬듯이 젊어지고 강해져서 일상으로 되돌아갔고 트란스발의 로베두족의 묘사처럼 사회는 '깨어나서' 매번 **새 생명**을 얻었다.

그러나 인류는 타락했었다. 신년 축제는 태초의 지복을 강력하게 상기시키고 의식을 통해 생생하게 그려냄으로써 다가오는 계절을 위한 구원의 잠재력을 불러낼 뿐만 아니라 축제 참가자들에게 경고의 뜻으로 원죄의 결과들을 똑똑히 보여주려는 시도이다. 아마도 그것은 사람들의 생각처럼 결국에는 생존 보장에 도움이 되기도 했을 것이다. 왜냐하면 그동안에 사람들은 온갖 선의에도 불구하고 자꾸만 잃어버린 순결의 제물이 되었기 때문이다. 그들은 금기를 깨뜨리고 죄를 범했다. 때로는 적게, 때로는 많이. 심할 경우에는 매번 새로이 원죄를 저지르는 것과 같았다. 그럴 때면 조상들과 신들은 가혹하게—사람들은 대체로 그렇게 이해했다―그들을 질책했고, 심지어 영원한 몰락에서 지켜주기 위하여 전염병, 메뚜기 소동, 가뭄, 악천후, 기타 재앙이 인류를 덮치게도 했다. 그런 재앙들은 생존을 위협하는 수확의 손실을 가져왔고, 그러면 인류는 그 어느 때보다 낙원에서 멀어진 채 정말로 '가시덤불과 엉겅퀴' 속에서 살아야 했다.

그런 기근에는 뿌리, 푸성귀, 잎, 씨, 바싹 마르고 대단히 딱딱하거나 몹시 쓴 맛이 나서 평소에는 입에도 안 댔던 나무껍질을 먹었다. 사람들이 다급할 때만 찾는 이런 특별식이 실은 **동물들의 먹거리**로 인간에게는 부적당하다는 견해가 종종 지배적이었다. 로마인들은 흉년에 무엇보다 호밀을 이용했는데, 평소에 호밀은 야생 곡물(또는 '잡초')로 잘 알려져 있었고 별로 먹을 만하지 않다고 생각되었다.

아무리 배가 고파도 맛없는 것은 맛없는 것이고 먹는 양을 줄이긴 힘든 법이다. 자주, 특히 11세기에서 16세기까지 민족들의 이동과 전쟁의 소용돌이 와중에 극심한 기근이 판을 치던 중세 유럽에서는 사람들이 그때까지 손대지 않았던 야생 먹거리의 채집과 가공에 다시 열중했다. 예를 들어 북유럽의 해안 지방에서는 어분魚粉으로 빵을 구웠고, 어떤 곳에서는 식물 뿌리, 콩과식물, 버섯, 무, 양고추냉이, 양파, 개암나무 꽃, 허브, 양치류의 뿌리, 포도씨를 말리거나 곱게 빻아 가루로 만들고 곡물 가루를 약간 섞어 빵을 구웠다. 하지만 야생식물 이용에 관한 먼 옛날의 확실한 지식은 당시에 이미 일부가 상실되었던 탓에 '잘못된 선택'을 하는 일이 있었고, 그 결과 위험한 병에 걸리거나 심지어 죽는 일도 종종 있었다. 나이 든 독자들은 제2차 세계대전 전후에 야생 딸기, 어린 너도밤나무 잎을 따려고—너도밤나무 잎으로 만든 야채 요리는 빙엔의 힐데가르트(1098~1179)(독일의 귀족 출신 수녀로 작곡가, 신학자, 예언자, 치료사, 상담자로 추앙받았다. 자연과학, 영적 문제, 신비주의, 윤리학, 법학에 관한 글을 남겼고 약초를 이용한 질병 치료에 뛰어났다-옮긴이 주)의 글에서도 언급되고 있다—, 또 가을에는 기름을 얻으려고 너도밤나무 열매를 채집하기 위해 사람들이 들과 숲으로 떼 지어 다니고, 머위, 수영, 민들레, 또는 숲과 초지에 나는 다른 푸성귀를 모아 샐러드를 만들고 블랙베리를 말려 끓인 차와 민들레 뿌리를 말려서 볶은 '커피'를 마셨던 궁핍한 시절이 아직 기억날 것이다. 아주 지독하게 궁핍했을 때에도 사람들은, 스탈린그라드에 포위되었던 병사들처럼 다른 사람들에게 폭력을 휘두르고 살인을 저지르기는 했어도, 병자와 완전히 기력이 쇠해서 어차피 더는 가망이 없는 자들만을 먹었다.

딱딱한 빵 껍질을 쓴 맛이 나는 물에 불려 먹을 정도로 궁핍이 만연한 시대에는 사람들이 감칠맛 나는 맥주와 와인 통이 놓여 있는 푸짐한 연회상에서 방종한 식도락 축제를 즐기는 몽상에서 위안을 찾았다는 사실이 이해가 간

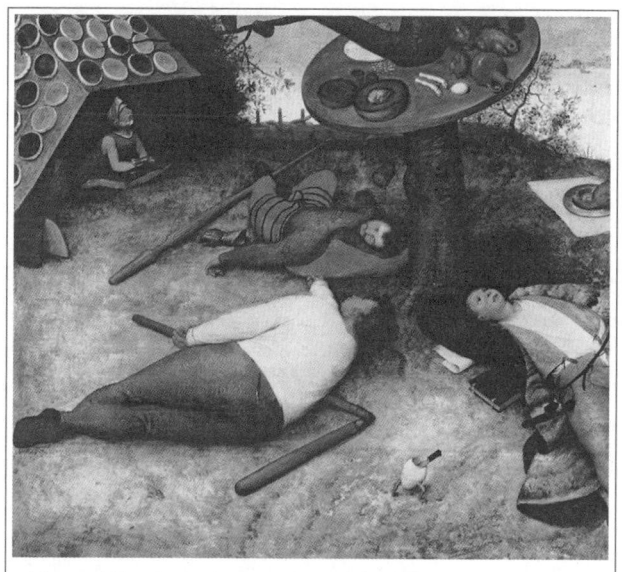

**피테르 브뢰헬 1세(1525경~1569)의 〈게으름뱅이 천국〉.
나무에 유화. 뮌헨 알테 피나코텍.**

궁핍기에는 늘 위胃와 마음이 갈망하는 모든 것이 넘칠 정도로 풍부한 식도락의 꿈의 세계를 묘사하는 상상력이 발휘되곤 한다. 고대부터 이미 알려진 모티브인 '게으름뱅이 천국'에 대한 기묘한 이야기는 14~16세기 전쟁의 혼란기와 기근 동안에 특히 인기를 누렸다. 브뢰헬은 약속의 땅에서 마침내 원하는 대로 실컷 배부르게 먹고, 심지어 배고픔 이상으로 너무 많이 먹은 듯이 보이는 농부들을 보여준다.

다. 그런 기쁨을 가능한 한 빨리 누리려면 물론 마법이나 기적의 도움이 필요했지만 말이다. 동화들이 이런 사실을 증명하는데, 이를테면 "요리하라!"고 명령하면 당장 아무리 먹어도 줄어들지 않는 '맛있고 달콤한 기장죽(!)'으로 가득 차는 냄비에 관한 이야기(그림 동화 103번)나 "식탁아,

상 차려라!"고 명령만 내리면 금방 삶은 고기와 구운 요리가 가득 담긴 접시들과 적포도주가 든 커다란 병으로 뒤덮이는 식탁에 관한 이야기(그림 동화 36번)가 그렇다. 가난한 사람들은 고대에도 이미 '놀고 먹는 세상'의 상상에 탐닉했다. 그곳은 집들이 렙쿠헨(당밀과 여러 향료를 넣어 만든 과자. 주로 크리스마스 때 먹는다-옮긴이 주)으로 지어졌고 지붕은 팬케이크로 덮였으며 들보는 돼지고기 구이로 되어있고 집 주위에는 소시지를 엮어서 만든 울타리가 쳐 있다. 나무에는 빵이 달려 있고 샘에서는 와인, 심지어 샴페인도 나온다. 거위, 칠면조, 비둘기, 닭 들이 전부 통구이가 되어 공중을 날아다닌다. 치즈는 돌처럼 땅에서 솟아 나오고 말은 말똥 대신 엄청난 크기의 알을 마구 싼다.

주로 12~14세기에 생겨나 전승되었고 널리 퍼져있던 이런 '식도락의 유토피아'가 '황당무계한 이야기'에 속하고, 그림 동화(158번)와 베흐슈타인의 동화에서도 그러하듯이 도덕적이진 않더라도 명백하게 반어적인 특징이 항상 있다는 사실을 덧붙여야 하겠다. 이 점은 이미 개념의 어원이 알려준다. 놀고 먹는 세상 Schlaraffenland의 '*schlar-*' 성분은 '떠돌이', '게으름뱅이'를 뜻하는 욕설인 중세후기 독일어의 *slūr*에서 유래한다(*slūr-affe*에서 온 'Schlaraffe'란 합성어는 'Maulaffe'와 유사하게 형성되었다). 그러니까 'Schlaraffenland'는 원래 '떠돌이와 게으름뱅이의 나라'란 뜻이었다. 내가 하려는 말은 남의 돈으로 잘 먹고 잘

사는 것은 부당하다는 것이다. 뭔가를 원하면 힘들게 '자기 얼굴에 땀을 흘리며' 일하여 얻는 수밖에 없다. 알다시피 생은 우리에게 아무것도 거저 주지 않는다.

5. 부활절 어린 양
살과 피로 동물의 영혼과 신비적 교감을 이루다

그러나 노동이 전부는 아니다. 대부분의 생물이 살아남기 위해서 죽여야만 한다. 남의 목숨을 빼앗아야 한다. 인간은 이렇게 피로 얼룩진 유산을 짊어지고 있다. 불멸성의 상실은 **살생**을 생명 유지에 불가결한 요소로 만들었다. 원죄를 범함으로써 폭력이 작용하기 시작했다. 옛 사회들은 이로 인해 고통 받았다. 그들은 거기에 삶의 중심 문제가 있다고 보았고, 용서를 빌고 속죄해야 한다는 사실을 아는 만큼 그 문제를 심각하게 받아들였다. 식사는 '**순수**

한 기쁨'이 아니었다.

 살기 위해서 죽여야만 하는 문제는 인류가 주식으로 삼았던 동물과 식물, 옷을 입고 집을 짓고 일상용품을 만들기 위해 필요했던 뿌리, 잎과 가지, 털가죽, 깃털, 뿔과 힘줄腱을 제공한 동식물이 인간의 **친척**이라는 견해가 지배적이었던 탓에 더욱 불행한 숙명처럼 보였다. 신화에 따르면 조물주는 동식물을 똑같은 재료로 창조했거나 만물이 공동의 조상을 두었다고 한다. 태초에 동식물은 마음 내키는 대로 상대의 모습으로 변할 수 있었고, 한참 뒤에야 비로소 현재의 모습으로 최종 확정되었다. 그러나 혼은 서로 계속 똑같았다. 그래서 사후에는 언제나—주술사, 특정한 비밀결사의 회원들, 샤먼들의 경우에는 살아 있는 동안에도—외양이 바뀔 수 있었다. 특히 동물들의 경우에 그런 생각이 당연해 보였다.

 전통 사회에서는 친척들끼리 일정한 예의를 지킬 의무가 있었고, 이런 의무는 특히 옛날 채집수렵문화에서 동물과의 교류에도 적절히 적용되었다. 사람들은 동물을 나이 든 친척처럼 대우했다. 말하자면 동물을 존중했고 인간들끼리도 그렇게 하는 게 마땅하듯이 동물의 이름('사슴', '곰')을 부르지 않고 정중하게 '형' 또는 '삼촌'이라고 불렀으며, 아무도 심지어 아이들마저도 동물을 놀리지 않도록 철저히 주의하였다.

 무엇보다도 친척들끼리는 연대와 상호 부조, 다시 말해

엄격한 **호혜**의 의무가 있었다. 동물들은 사람들에게 중요한 원료를 제공하고 전조를 통해 위험을 경고하거나 위급한 상황에서 사람들의 꿈에 나타나 조언을 해주며, 특히 자기를 희생하여 자신의 **살과 피**로 사람들을 먹여 살림으로써 호혜에 제 몫을 다했다. 인간들은 인간들대로 동물의 옷을 입은 친척 '어른들'을 앞서 언급한 대로 경건하게 존중하고 수태를 한 어미와 새끼 동물을 소중히 다루고 야생동물은 생계에 필요한 수만큼만 죽였으며 사냥한 동물을 절대 함부로 다루지 않았다. 다시 말해 아무것도 낭비하지 않았고 뭔가 이용하지 않고 그냥 두는 법이 없었다. 죽은 채로 발견했거나 자기가 죽인 동물의 '필멸하는' 나머지 부분을 친척에게 그러하듯이 장례 절차를 치러 묻어줬다.

그러나 결과는 언제나 공평치 못했다. 인간은 동물의 자기희생에 필적할 만한 것을 아무것도 제공하지 못했다. 세계 여러 지역에서 **토테미즘**, 즉 분명히 아주 오래된 선사시대 채집수렵문화의 '동물숭배적' 세계관의 전형적인 표현을 통해 갈등을 조금이나마 완화시키고자 했다. 토테미즘은 다양한 형태로 나타났고, 일부는 개별적(개인적)으로 유착되었지만 주로 한 씨족이나 혈족 또는 지역 공동체, 특정한 동물종 간에 집단적으로 결합되어 있었다. 동물과 인간은 공동 조상의 직계 자손이고 어느 정도는 이원적 전체를 반씩 구성하고 있었다. 인간은 자신을 "형들'('독수리', '참매', '곰' 등)의 이름을 따서 불렀고 일부는 의상, 머리모양, 화장, 장신구, 표장 등에서도 그들을 따라했다. 이런 경우에 앞서 말했던 행동 규정을 훨씬 더 중요하게 여겼다. 동물 '형제들'을 죽이고 먹는 것은 고사하고 보지도 만지지도 못하는 극한 정도까지 말이다. 잡아먹는 것은 방계 친척, 그러니까 4촌, 6촌, 그 이상의 '먼 친척', 다시 말해 다른 속屬의 동물일 때는 허락되었지만 그럴 경우에도 쉬운 일은 아니었다. 원죄의 짐은 말하자면 그렇게 여러 어깨에 분담되었던 것이다.

하지만 이 규칙에도 예외는 있었다. 대개 1년에 한 번은 집단의 모든 구성원이나 소수의 고위 인사들이 자기가 속한 토템 종의 일원 하나를 의식을 갖춰 잡아먹었다. 유사한 관행들에 따르면, 그중 일부는 앞으로 언급하겠지만, 이런 행위의 바탕이 된 것은 동물의 살과 피를 먹어서 그의 잠재적인 생명력, 즉 그의 영혼을 인간의 몸 안으로 옮겨옴으로써 친척 육체의 두 반쪽들 간의 '**신비적 합일**'을 의식상 매번 새로이 입증하고 강화하겠다는 생각이었다.

예를 들어 시베리아에서는 샤먼이 그의 개인적인 동물 수호령들과 협력해야만 일을 성공적으로 할 수 있었다. 언제라도 이런 도움을 기대할 수 있으려면 둘 사이에 준혈연관계의 성립이 전제되었다. 이것은 소위 '입무식入巫式' 동안에 이루어졌다. 장래의 샤먼으로 내정된 자는 대개 사춘기 무렵 어느 때인가 완전한 무의식 상태에 빠졌다. 그런 상태에서 마치 꿈속에서인양 정령들에게 저승으로 납치되어 육체가 조각조각 분해되는 체험을 했다. 우선 정령들은 그의 머리를 떼어내 벽 선반에 올려놓고 그 이후에 일어나는 일을 그가 지켜볼 수 있게 했다. 이어서 그들은 철 갈고리로 그의 관절을 잡아당겨 떼어내고 살을 뼈에서 발라내 잘게 잘라 피와 함께 먹었을 뿐만 아니라 인간의 다양한 질병을 책임지는 다른 정령들에게도 나눠주었다. 식사 후에는 소생이 이루어졌다. 뼈는 골격에 맞게 정리해 철실로 봉합하고는 피를 흠뻑 적신 새 살을 씌웠다. 마지막으로 머리를 다시 올려놓았다. 이로써 샤먼 내정자는 생명을 돌려받았지만 한동안 저승에 머무르면서 정령들로부터 장래 임무, 특히 '의술과 관련된' 임무에 필요한 지식을 모두 철저하게 배웠다. 그러고 나서 그의 영혼은 지상 세계로, 속세의 육체로 되돌아왔다.

샤먼 내정자의 살과 피로 이루어진 의식 만찬은 수호령들뿐만 아니라 질병의 정령들도 그의 '혈연'이 되게 했고, 덕분에 양측은 그 이후로 쭉 상호 부조의 의무를 진다. 샤먼 자신은 변신을 통해 반은 정령이고 반은 인간인 초인적 존재가 되었다. 무엇보다도 그는 그때부터 정령처럼 아무 동물로나 변신할 수 있었고 예견 능력을 얻었다. 이를테면 어떤 적당한 시기에 야생동물 사냥감이 정확히 어디에 있는지 보았다.

사냥꾼이 어떤 동물을 사냥하든지 간에 동물들은 사냥

꾼처럼 내면에 영혼이 있는 친척으로 남았다. 그런데 가까운 친척을 죽이는 것은 전통적인 견해에 따르면 **중대범죄**이고, 호혜 계율의 핵심을 위반하는 것이었다. 그럼에도 인간은 살아남기 위해 어쩔 수 없이 살생해야만 했다. 동물들이 비록 더 빠르고 강하고 추적자들보다 천성적으로 우세하지만 그래도 죽임을 당할 의향이 있어 보인다는 점이 어느 정도 위안은 되었다. 그런데 사람들은 살생이 '고귀한 지시'에 의해, 구체적으로 말하자면 그들의 '남주인들' 혹은 '여주인들'의 명령으로 벌어진다고 믿었다. 그 주인들은 대개 항상 독수리나 사슴, 사자, 코끼리, 곰 같은 동물 형상을 하고 '자기' 종족들의 존속과 적당한 증식을 생각하며, 속屬의 특징을 지녔고 지위가 그리 높지 않은 초정신적인 세력이었다. 그들은 인간 '사촌들'의 고난을 보았기 때문에 인간에게 필요한 야생동물을 수요에 따라 나눠주었다. 물론 인간들이 나무랄 데 없는 삶을 살고 동물들에 대한 행동 규정을 준수했을 경우에 한해서지만. 따라서 살생은 어느 정도는 **'신의' 동의** 하에 이루어졌다.

그렇기 때문에 사냥을 단지 순수한 경제적 행위나 스포츠 겸 모험으로만 볼 수는 없었다. 오히려 사냥은 성인 남자의 삶 전체를 포괄하는 유일한 의식으로 이해되었다. 성인의 삶은 '사냥꾼 임명'과 함께 시작되었다. 이때 핵심은 사냥꾼으로 임명된 자들과 사냥감인 야생동물 사이에

교감적이고 '신비로운' 관계, 사실상 일종의 '혈맹 관계'를 형성하는 것이었고, 이런 관계는 살생으로 위태로워진 친척 관계를 다시 한 번 돈독하게 하고 입무식의 경우와 비슷하게 장래 '직업' 활동이 성공을 거두기 위한 전제로 여겨졌다. 이런 목적으로 예를 들어 남아프리카의 부시먼들은 사냥꾼 후보자의 미간을 째고 가장 중요한 사냥감 야생동물의 살을 태워서 숯처럼 만든 뒤에 다른 다양한 물질('약')을 섞어 만든 가루를 짼 자리와 위팔에 발랐다. 그런 식으로 시력과 활쏘기 능력, 명중률을 한꺼번에 강화하려고 했다. 콩고에 사는 피그미 집단들의 경우에 최연장자들은 후보들뿐만 아니라 그들의 무기에도 '시험 사냥' 중에 그들이 공식적으로 처음 죽인 동물 심장의 피를 '바르거나' 동물의 장기 중 특정한 부위, 주로 심장을 그들 손에 쥐어줬고, 그렇게 함으로써 두 영혼의 힘이나 생명력이 서로에게 전이되길 바랐다. 이 모든 과정의 절정은 마지막의 공동 축제였다. 축제의 중심은 사냥해온 동물의 **살과 피로 이루어진 성찬**聖餐이었는데 여기에는 집단 구성원이 전부 참석하거나 최연장자들만 참석했다. 사냥꾼 후보자 자신은 성찬을 절대 입에 대지 않았다. 그는 그때부터 계속 공동체의 생계에 기여할 능력이 있다는 증거를 제출해야 했고, 이에 대해 의식을 통해 일종의 '면허'를 받은 것이다.

그때부터 그는 일정한 전제조건 하에 특별한 행동규칙

시베리아 중·동부 퉁구스족의 강신회 중인 샤먼. 뮌헨 민족학박물관.
샤먼들은 엑스터시 기술의 명수였다. 무아지경 상태에서 혼이 육체에서 빠져나와 동물 모양을 하고는 임신이 안 되는 여자들을 위한 '영의 아이들'을 붙잡고, 심한 (정신) 질환의 원인을 규명하고, 사냥용 야생동물의 위치에 대한 정보를 얻으려고 저세상으로 갔다. 그림에서 의상은 샤먼의 동물 형상을 표시하고(여기서는 노루나 순록), 장식들은 사냥꾼의 수호령, 지구, 해와 달을 나타낸다(아마도 그가 이곳들을 방문할 것이다). 샤먼의 존재는 특히 유라시아 북부와 아메리카의 옛 수렵 문화의 전형적 특징이다.

부활절 어린 양

을 준수해야만 정기적인 사냥을 허락 받았다. 예를 들어 사냥 전날에는 보통 금식하고 몸을 씻었으며 여자와의 육체적 접촉, 특히 성교를 삼갔다. 일반적으로 야생동물들이 여성을 몹시 혐오한다고 믿었다. 여성은 달거리 때문에 굉장히 불결하다고 여겨졌다. 혹시 접촉했다가는 사냥꾼이 여자의 '냄새'에 병적으로 변화되어서 동물들이 돌아서게 만든다고 생각했다. 사냥꾼은 공격하는 동안에도 기존의 '신비한' 교감 관계를 통해 야생동물을 자신 쪽으로 끌어당기고 생각의 마력으로 '사로잡기' 위해서 생각을 온통 사냥감에 집중하였다. 만약 사냥에 성공하면 노획물의 가죽을 벗기고 조각조각 자르는 일도 엄격하게 규정된 일정한 방식에 따라 행해야 했다. 무엇보다도 사냥꾼들은 '친척'의 죽음을 아주 감동적으로 탄식하고 때때로 다른 사람들에게도, 시베리아에서는 주로 러시아인들에게, 살생의 책임을 물었으며 동물의 영혼에게 용서를 빌고 끝으로 화해를 위한 의식을 치렀다. 제물을 먹은 후에는 집에서 그 뼈를 엄숙하게 장사지내줬다.

이렇게 불행한 관계를 항상 자각하고 있다는 사실을 동물들에게 입증하기 위해 옛날에는 모든 북유라시아의 수렵 민족들이, 지금도 여전히 시베리아 동부와 북동부의 수렵 민족들이 정기적으로 사냥 장면을 재현해 이 문제점을 오래 지속되는 일련의 의식으로 변형시켰는데, 그 인상적인 의식은 이른바 '곰 축제'의 마지막을 장식했다. 곰

시베리아 동부 아무르 하류 지역 길랴크(니브히)족의 곰 축제. 동판화.

시베리아와 북아메리카 북부의 많은 민족들은 몇 년에 한 번씩 새끼 곰을 붙잡아 집단 속에서 친자식처럼 키우다가 대규모 축제 중에 함께 잡아먹는 일이 보편적이었다. 그림에서는 잔치의 제물이 손님으로 참석해 연어(길랴크족의 주식)를 대접받았다. 곰의 영혼은 사람들이 야생동물과 얼마나 잘 지내는지 보고하기 위해 '동물들의 주인'—이 경우에는 곰의 모습을 한—, 즉 야생동물 개체수의 보존을 감독하는 초월적인 영적 존재에게 파견되었다. 하늘에 있는 곰의 아버지가 이 보고를 듣고 안심해서 앞으로도 인간에게 사냥에서의 행운을 보장할 마음이 생겨야 했다.

축제를 위해 우선 갓 태어난 새끼 곰 한 마리를 잡아서 친자식처럼 정성껏 키우고 최선을 다해 먹이를 주고 잘해주다가 마침내 모든 집단 성원이 참가해야 하는 대규모 제식 행사 중에 **단체로** 그 곰을 죽였다. 곰 가죽은 머리와 함께 마을 한가운데에 막대기로 똑바로 세워두었다. 그럼으로써 곰이 샤먼 내정자가 정령의 세계에서 변신하는 중에 그러하듯이 축제의 진행을 지켜볼 수 있게 했다. 이윽고 사람들은 놀이, 경기, 음악, 춤과 노래로 곰을 즐겁게 했고 공동 연회를 개최했다. 연회의 주 메뉴는 죽인 곰의 고기였다. 말하자면 모두 함께 곰의 **살과 피**를 먹음으로써 동물과 인간의 생존력을 보장하는, 둘 사이의 가까운 친척 관계, **교감** 관계를 다시 한 번 힘껏 다짐한 것이다. 끝으로 곰의 영혼에 엄숙하게 작별 인사를 고하고 영혼을 곰의 '아버지', 이 경우에는 곰의 형상을 했다고 생각되었던 '동물들의 주인'에게 보냈다. 사람들은 동물들에게 그의 '자식'이 사람들 틈에서 얼마나 잘 지냈는지 주인에게 보고하라고 간청하고 그에게 용서와 은총을 빌었다. 즉 장래에도 사냥이 성공하게 해달라고 빌었다.

농경의 발생 후에 생활조건이 근본적으로 변하기는 했지만 문제점은 사라지지 않았다. 인류는 그때부터 꼼짝없이 그들이 주식으로 삼은 **식물**에 종속되었다. 한 가족이나 친족의 일원이 항상 나머지 구성원들에게 의지하고 서로 도와줄 의무가 있으며, 안 그랬다가는 생존이 불가능한 것처럼 말이다. 식물과 인간은 공동의 기원을 갖기 때문에, 그러니까 **혈통상의 친척**이었기 때문에 식물은 인간을 '도왔다'.

일반적인 농경민족의 신화들에 따르면 최초의 인류는 식물처럼 대지의 '품'에서 직접 솟아 나와 열매처럼 풀,

떨기나무, 큰키나무에서 서서히 자라났거나 또는 조물주에 의해 똑같은 물질, 대개 찰흙이나 나무로 만들어졌다. 그들은 근연종이었다. 가까운 친척 사이에 존재하는 것과 같은 밀접한 교감 관계가 인간과 그들의 가장 중요한 재배작물들을 결합시켰다. 예를 들어 파푸아뉴기니에 사는 아벨람족의 견해에 따르면 태고에는 인간과 얌이 서로 마음 내키는 대로 상대의 모습으로 변할 수 있었다. 뉴기니 동부 트로브리안드 군도의 작은 섬 도부의 주민들도 이와 비슷하게 얌을 인간이 변신한 것으로 여겼다. 그들은 식물이 "사람들이 자기에게 하는 말을 이해한다."고 뉴질랜드의 민족학자 레오 포춘(1903~1979)에게 설명했다. "식물이 인간과 다름없다."고도 했다. 따라서 그들은 '얌'과 '인간'에게 (일반적으로) 똑같은 개념을 썼다. 다른 민족들은 주로 경작하는 식물에 따라 타로, 기장, 옥수수, 쌀, 밀 또는 보리와 자신을 동일시했다.

인간과 식물은 같은 운명을 나누기도 했다. 독일 민족학의 창시자 중 하나인 레오 프로베니우스(1873~1938)는 공골라 출신의 나이지리아인으로부터 이런 말을 들었다.

죽어 가는 젊은이는 땅에 떨어져 썩어버리는 마른 잎처럼 사라집니다. 죽어 가는 늙은이는 땅 속으로 떨어져 다시 자라나는 여문 열매와 같습니다. 인간은 곡식과 같습니다.* 여물지 않은 곡식을 잘라내 말린 후에 다음 우기에 땅에 심으면

부활절 어린 양 89

썩어버립니다. 싹을 틔우지 못합니다. 수수를 여문 뒤에 잘라내서 말린 후에 다음 우기에 땅에 심으면 뿌리와 잎이 생기고 점차 성장해 여문 열매가 맺힐 겁니다. 인간도 마찬가지입니다. 젊은 사람은 다시 오지 못합니다.** 늙은 사람은 다시 태어납니다.

누군가 부적절한 때에 죽으면, 다시 말해 '비명횡사'하면 사람들은 희생자 자신이나 가까운 친척의 규정 위반이 원인이라고 보았다. 마찬가지로 개인이나 집단의 심한 위법 행위가 흉작을 유발할 수 있었다. 전통적인 규칙을 철저히 준수한, 되도록 오류 없는 변화가 농경문화에서도 특별히 필요했다. 그 까닭은 인류가 살아남을 수 있으려면 해마다 '식물의 옷을 입은 친척들'을 강제로 죽이고 빻아서 가루로 만들거나 잘게 토막 내고 으깰 수밖에 없었고, 그러니까 중죄를 저지를 수밖에 없었고 덕분에 양쪽 관계에서 호혜 균형이 심각하게 무너지게 되었기 때문이다. 채무가 늘 때마다 심각하고 생존을 위협하는 결과가 직접적으로 유발될 수밖에 없었다.

이를 감내하고 살 수 있으려면 불행에 최소한 어떤 의

---

* 여기서는 '수수'(*Sorgho* 또는 *Sorghum*)를 말한 것인데, 수수는 벼과의 한 속屬으로 그 씨로 죽과 납작한 빵을 만든다.
** 그가 명보다 빨리 '비명횡사'했고 따라서 정식으로 매장되지 못하기 때문에 영혼이 저승에 있는 조상들 곁으로 가서 언젠가 환생하기란 불가능하다.

미를 부여하는 설명이 필요했다. 그것은 사람들의 부담을 적어도 일부나마 덜어줌으로써 비극을 견디기 쉽게 만드는 것이다. 중대한 의미를 갖는 모든 일에 있어서 보통 그러하듯이 그 근거 역시 **태고**의 사건과 관련이 있어야 했는데, 이 경우에 그 사건이란 어떻게 인류가 애초에 재배작물을 소유하게 되었는가에 관한 것이었다. 이와 관련해서 주로 세 가지 신화 형태가 있었다.

(1) 첫 번째, 그리고 개중에 가장 유화宥和적인 신화 형태는 초자연적 세력들이 원죄 이후 인류의 운명을 동정했다고 보고했다. 어떤 신, 남자 또는 여자 영웅이 인류에게 당시만 해도 천상에서만 번성했던 식물 몇 종을 가져다주고 재배 방법을 가르치기 위해 파견되었다.

(2) 두 번째 형태는 자선과는 전혀 거리가 멀었다. 이런 신화에 따르면 인류가 작물이라는 소중한 재산을 가지게 된 것은 간계나 비열한 도둑질 또는 순전한 우연 덕분이었다. 특히 남아메리카 신화들에 따르면 인류는 커다란 나무를 베었다가 그 속에서 전혀 뜻밖에도 식물들을 발견했다. 그러나 동물—대개 쥐이다—이나 샤먼이 천국을 방문했을 때 천상의 세력들의 분명한 뜻을 거역하고 몰래 재배곡물의 씨앗을 몇 개 빼돌려 치아 사이나 머리카락 속에 숨긴 채 이세상과 저세상의 경계를 넘어 본격적으로 '밀수를 했다'는 생각이 더 널리 퍼져 있었다.

(3) 가장 널리, 사실상 전 세계에 퍼져 있는 세 번째 신화 형태에서는 살인이 중심이 된다. 사실상 이런 신화들은 '피로 얼룩진' 수확을 할 수밖에 없는 이유를 알려주는 신화로, 어떻게 해서 이전의 단순하고 '평화적인' 식용 열매의 채집과는 반대로 농경의 발생과 더불어 이런 식의 수확이 불가피해졌는지 설명한다. 이런 이야기에 따르면 옛날 옛날에 신들이나 태고의 영웅들 또는 인간들이 신의 혈통을 타고난 아이(사내나 계집아이)를 습격하여 때려죽이고는 온 몸을 토막 내어서 아이의 살과 피를 일부는 그 자리에서 먹고 나머지는 땅에 뿌렸다고 한다. 그 후에 이 살과 피로부터, 한편으로는 각각의 장기로부터 다양한 재배작물이 탄생하였다. 곡물의 유래와 관련해서는 신의 자식들을 칼과 낫으로 살해해 토막 내고 '뼈'를 곡물 체에 키질하고 이 '수확물'의 일부를 갈아서 가루로 만들었다고 한다. 또 구근식물과 여러해살이풀의 경우에는 절구에 빻았고 다른 부분은 뿌리거나 들판에 매장했다고 한다.

인류가 원죄로 타락한 후에도, 또 그 모든 약점에도 불구하고 계속 살아남을 수 있도록 보장한 자비로운 신들의 은총 덕분에 식물은 해마다 횡사하더라도 매번 새로이 생겨났다. 거의 보편적이기는 하나, 특히 우기와 건기, 혹은 식물의 생장기와 사멸기의 계절적 구분이 분명한 아열대와 온대 기후 지역에 퍼져 있는 믿음에 따르면 매년 농사철이 시작되기 직전에, 즉 '새해 첫날'에 '세상의 부모'인 하늘과 땅이 '신성한 혼례'를 치렀다. 연초에 하늘에 있는 아버지의 '씨'가 최초의 강수降水의 형태로 어머니 대지의 모태로 쏟아져 내렸고, 얼마 후 어머니 대지는 '신의 자식', 아들이나 딸 신을 낳았다. 어린 신은 매번 아주 중요한 식용식물을 체화했는데, 예를 들어 고대 근동의 곡물신인 탐무즈와 오시리스, 인도차이나와 인도네시아의 '쌀 아기', 뉴멕시코와 애리조나에 사는 주니족의 '옥수수 소녀'가 있다. 그런데 그들 모두에게는 비극적인 운명이 주어졌다. 부모와는 달리 성숙하기가 무섭게 매년 새로이 죽음을 맞은 것이다. 그것도 인간의 손에.

세상의 부모인 하늘과 땅, 그리고 청년기에 폭력적인 살해에 희생되지만 그럼에도 해마다 소생하여 새 삶을 사는 그들의 자식에 대한 비극적이고 부담스럽지만 확고한 희망이 있는 이야기가 **농업적 세계관의 중심 신화**이다. 이런 신화는 신의 자식을 살해함으로써 매년 새로이 심한 죄책감에 시달려야 하는, 거의 해결될 수 없는 상황에 어쩔 수 없이 연루된 인간들에게 신의 자식의 죽음이 언제나 일시적인 현상에 불과하며 부모 신들이 살해를 승인했고, 한술 더 떠 신의 자식이 궁핍에 시달리는 인류를 위해 **자진해서** 순교를 감수했다는 구원의 복음을 전했다.

대신에 사람들은 '성聖 가족'에게 진심으로 감사해야 했는데, 일일 기도와 제물 봉헌이 감사 표현의 전부는 아니었다. 그들은 신들에게 그 모든 일의 깊은 진실과 의미를 알고 있다는 사실을 **보여주고자** 했고 매년 수확기에 대규모의 마을 제식 축제를 통해 그 점을 표현했다.

축제는 수확물 베기로 시작되었는데, 이 일은 대개 성직자—집단의 최연장자나 대지 숭배의 주책임자인 사제('대지의 주인') 또는 왕—의 손으로만 시행될 수 있었다. 그 다음으로 수확용 칼, 낫을 갖다 대는 자들은 모두 며칠 전부터 금식하고 금욕을 행했으며 몸도 꼼꼼히 씻었다. '치명적인' 타격이 가해지는 동안 곡식을 베는 자들은 대개 커다란 탄식을 터뜨렸고, 제 가슴을 치고 매우 감동적으로 울고 한탄했다. 처음 벤 낟알이나 덩이줄기는 망자들과 어머니 대지에게 봉헌했다. 그중 일부를 써서 특별히 의식상 이를 위해 붙인 불에서 성찬, 즉 콩죽이나 얌죽, 기장죽, 쌀죽, 옥수수죽을 조리하고 음료(포도주스, 와인, 맥주)로도 만들어, 여러 날 계속되는 축제의 절정에 조상들이 배석한 가운데 격식을 갖춰 공개적으로 최연장자들이 '맛을 보았고', 이어서 가족들끼리 모여 가장이 맛을 보았다. 아프리카에서는 의식에 쓰는 맥주용 기장을 별도의 작은 성례聖禮용 밭에서 재배했고 성찬용 음료는 오로지 그 용도로만 정해진 단지에서 양조했다. 북유럽의 여러 지역에서는 마지막으로 거둬들인 곡식 단으로 작은 소녀 형상의 빵을 구운 후에 각 가정에서 다 함께 격식을 갖춰 먹었다. 이런 의식상의 '첫 열매로 식사'를 한 후에 비로소 수확물이 일반적인 소비를 위해 쓰였다.

수확제는 농경문화의 **중심 제식**이었다. 그 안에 인류와 동식물의 고통스런 관계가 응축되고 매듭져 있었으며, 이와 동시에 해마다 광대한 전환 의식을 통해 신성한 화해 및 통합 만찬으로 축제의 절정에서 그 매듭이 다시 풀렸다. 수확제는 비록 내용과 구성상 신년 의식에 필적하고 그것과 하나로 통합되는 경우도 빈번했지만, 구체적으로는 농경문화의 문화 창조적인 '원초적 장면'을 재현했고 그럼으로써 농경문화의 성과들이 의식을 통해 거듭해서 보장되기를 바랐다.

다시 마을은 은둔에 들어갔다. 축제 기간에는 외지인의 출입이 허락되지 않고 마을 주민들만 있었고, 그동안 사회는 '죽음'에서 '부활'까지 근본적인 **변환**을 겪었다. 과거의 삶은 죽어버렸다. 마치 태초처럼 혼돈이 지속되었다. 기존 질서는 해체되고 **뒤집어지고** 모호한 무질서 상태로 추락했다. 마을 경계선 바깥에서 붙잡을 수 있었던 외지인들—주로 **젊은이들**—을 죽이고 토막 내어 일부는 불에 태우고 사지나 태운 재를 밭에 뿌리는, 즉 '파종하는' 일이 잦았다. 마침내 '신의 자식'이 살해되고 '매장'되고 그가 소생하리라는 희망이 보장된 것처럼 보이고 나면 사람들은 대청소, 가족끼리의 고해와 공개적 고해, 참회와 속죄 행위를 통해 의식상 죄에서 벗어났다. 사람들은 자기가 **다시 태어났고** 순결한 새 삶으로 '구제 받았다'

는 것을 알았다. 그들은 서로 '새해'를 축하하고 대규모 공동 만찬으로 축제를 마쳤다.

이 모든 과정에서 제식상의 핵심은 첫 수확한 농작물을 성스럽게 섭취하는 것이었다. 방금 죽인 신의 자식의 몸을 가벼운 마음으로 먹기란 거의 불가능했다. 그것은 난처하면서도 신과 인간의 관계에 있어 극히 민감한 행위였으며, 사실상 성직에 임명된 고위관리나 공동체의 수장들에 의해서만 엄격하게 형식화된 성례상의 방식으로 행해질 수 있었다. 그들은 조상들을 모신 자리에서 공동체를 위해 **성찬식**Eucharistie(그리스어, 글자 그대로 해석하면 '감사의 말')을 거행했다. 다시 말해 자신들의 삶을 보장하는 신의 은총과 이로부터 모두에게 발생하는 의무를 익히 알고 있다는 사실을 '신과 세상 앞에서' 표명했다. 동시에 재배 작물신의 **살과 피**를 먹음으로써 해마다 새로이 교감적인 긴밀한 결합, 신과 조상, 인간들 간의 **신비적 합일**이 강화되었다. "내가 곧 생명의 떡이노라."라고 예수는 의심하는 유대인들에게 확언했다. "나는 하늘로서 내려온 산 떡이니 사람이 이 떡을 먹으면 영생하리라. 나의 줄 떡은 곧 세상의 생명을 위한 내 살이로라. 내가 진실로 진실로 너희에게 이르노니 인자의 살을 먹지 아니하고 인자의 피를 마시지 아니하면 너희 속에 생명이 없느니라."(요한복음 6:51, 53) 이런 **농경 종교들의 중심적인 신비의식** 덕분에 신의 자식과 함께 인간들도 죽음에 승리를 거두었다.

신의 자식의 살과 피는 집단의 불로장생의 영약(엘릭시르)이었다. 주식으로서 뿐만 아니라 거기에 깃들여 있다고 여겨졌던 특별한 **축복과 치유의 힘** 때문에 그랬다. 날마다 먹으면 사람을 강하게 만들어주며, 특히 변화 과정과 같은 위기 상황을 극복하도록 도와주었다. 예를 들어 어머니들은 갓난아이를 품에 안고 밑에 곡식알이 쌓여 있는 긴 의자에 앉았다. 흔히 젖먹이에게 젖을 물리기 전에 꿀 대신에—또는 꿀과 함께—먼저 얌죽이나 기장죽 반죽을 입술에 칠해줬다. 세례를 받는 사람은 갓 구운 빵으로 세 번 건드렸고 신혼부부에게는 쌀이나 옥수수, 밀알을 뿌렸으며 시체를 매장하기 전에도 역시 그러했다.

얌죽, 납작한 카사바 빵, 기장 맥주, 곡물가루로 만든 음식이나 빵은 평범한 먹거리가 아니었다. 그 속에서 신이 계속 살았던 것이다. 아이들은 존중하는 마음으로 이런 음식을 대하라고 제때에 배웠다. 절대 바닥에 떨어뜨리거나 부주의하게 쏟거나 남기거나 버려서는 안 되었다. 이들은 성스럽게 받들어진 음식이었다. 지중해와 유럽에 퍼져 있는 미신에서는 특히 빵에 신성한 의미를 부여했다. 반죽은 항상 일정한 규칙에 따라 준비하고 구워야만 했다. 또는 적어도 그렇게 하리라고 **기대되었다.** 러시아 농부들은 빵이 축복과 행운을 가져온다고 생각했다. 전통적인 농경문화에서도 비슷한 믿음이 퍼져 있었다. 우간다의 루그바라족은 으깨지 않은 곡물로 만든 맥주는 아직 곡식의 '영혼'을 온전히 담고 있다고 믿었기 때문에 의식상의 용도로만 썼다. 식료품 저장실과 빈 창고, 말하자면 재배작물신의 '묘실'은 대개 신성한 장소로 여겨졌다. 그곳에는 사원에 들어갈 때와 마찬가지로 되도록 깨끗한 상태로, 흔히 맨발로 들어가야 했다. 저장실과 창고를 가정의 기도실과 성물 보관 장소로 이용하는 일도 드물지 않았다.

사실 매일의 정찬 중에 주식을 먹는 것 역시 성스러운 행위였다. 이때 사람들은 대개 음식과 음료 약간을 마당에 있는 조상의 제단에 놓거나 붓거나 또는 화덕 불에 태움으로써 망자들과 음식을 나눠먹었다. 이런 행위가 부여한 힘과, 사는 동안에나 죽음을 넘어서도 주기로 약속한 확신을 모두 나눠가졌다.

6. 식탁 문화
나눔의 의무, 결합의 의식, 손님 환대의 의미에 관하여

독일 지리학자이자 철학자인 에른스트 캅(1808~1896)이 처음으로 발견한 규칙에 따르면 기술 발전은 계속해서 그것의 자연적 토대에서 벗어나려고 한다. 초기의 도구들은 처음에는 아직 인간의 사지에 직접 갖다 붙인 보조기구나 다름없었다. 창은 찌르려고 앞으로 뻗은 팔을 늘여줬고, 손에 쥔 자루가 달린 돌은 아래팔과 주먹의 들어 올리는 힘을 강화시켜줬다. 그렇기 때문에 캅은 '기관 투사投射'라고 말했다. 이런 경향은 나중에 창과 총, 대포를 거쳐 미사

일까지, 낫을 거쳐 콤바인까지 계속되었다. 음식 조리와 섭취도 예외가 아니다. 날로 먹다가 굽고, 찌고, 삶기 시작했고, 처음에는 모닥불에서 조리하다가 나중에는 별도의 부엌에서 조리해 거실에서 먹게 되었다. 이런 발전의 끝을 장식하는 것은 공장에서의 제조, 이것은 우리에게 '낯선' 생산방식 때문에 다소 불쾌함을 안겨준다. '**패스트푸드**'가 꼭 누구나 좋아하는 음식은 아니다.

원래 인류는 격식을 차리지 않고 손으로 집어먹었다. 수천 년 뒤에도 여전히 그렇게 했는데, 유럽에서 신분이 높은 사람들의 경우는 근대 초기까지, 외딴 농촌지역에서는 20세기 초반까지 그러했다. 음식은 조리되어 냄비 채로 상에 올라왔고 모두 함께 떠먹었다. "한 그릇에 음식을 먹는 것은 가족 단합의 표현이다."라고 터키 농부들은 독일 민족학자 베르너 시파우어에게 단언했다. 마찬가지로 호리병이나 조끼, 단지 하나를 빙 돌려가며 음료를 나눠 마셨다. 냄비 요리에는 웬만큼 손가락을 잘 다루는 솜씨가 필요했다. 손을 오므려서 음식을 떠서 민첩하게 (그리고 조준을 잘 해서) 입으로 가져가거나 검지와 엄지로 음식을 집고, 아니면 손 대신 고형음식의 둥글게 파인 부분을, 특히 납작한 빵을—유럽에서는 팬케이크 조각을—'숟가락'으로 썼다. 그러니 음식이 너무 뜨거울 때 식탁에 올려서는 안 되었다는 점이 납득이 간다. 전통 사회에서는 식전뿐만 아니라 식후에도 손을 씻고 오로지 오른손, 즉 '청결한' 손만을 사용하는 것이 '문명화된' 사회에서보다 더 일반적이었다. 음부를 닦는 데 쓰는 왼손으로 음식을 만지는 것은 무례하고 상스러운 행동으로 여겨졌다.

칼은 이미 구석기시대부터 있었지만 음식을 **조리**할 때만 쓰였을 뿐 정작 식사 때는 쓰이지 않았다. 고기—또는 생선—와 야채는 미리 잘라서 요리와 함께 푹 삶았다. 무엇보다도 '성스러운' 빵은 절대 칼로 자르거나 입으로 물어뜯으면 안 되었고, '손으로 뜯어야' 했다. 마케도니아의 무슬림들은 '빵을 강철로 상처 입히는 것'을 대단히 신앙심이 부족한 짓으로 간주했다. 보헤미아에서는 농부들이 훨씬 더 대놓고 이렇게 말했다. "칼로 빵을 찌르는 자는 주 그리스도를 찌르는 것이다." 집 밖에서, 이를테면 사냥 중에 음식을 먹을 때만 형식을 지킬 필요 없이 칼로 자른 조각을 찍어 직접 입으로 가져갔다. 대개 고기—또는 파낸 덩이뿌리—를 잘라 바로 입으로 가져갔기 때문에 때때로 상처를 입기도 했다.

어떤 의미에서 숟가락은 오므린 손의 '기관 투사'였는데, 역시나 처음에는 부엌에서만 썼고 식탁에서는 어쩌다 한번 음식을 나눠줄 때 집주인이 사용했을 뿐이다. 공동 접시에서 음식을 덜어먹는 개인 숟가락과, 허리띠 칼집이나 나중에는 주머니에 넣고 다니며('주머니칼') 자기 몫의 고기를—예를 들어 큰 접시에 담긴 고기를—잘라내는 데 쓴 칼은 대략 중세 때 생겼다. 우리에게 친숙한 칼, 포크, 수프용 숟가락, 후식용 숟가락으로 된 개인 세트와 수프, 주요리, 후식용의 접시, 음료 잔, 냅킨을 갖춘 완전한 식사도구는 16세기부터 쓰이기 시작했다. 그때부터 공동 호리병, 큰 접시, 조끼, 포트, 단지는 받침 달린 잔이나 유리잔, 주석잔, 은잔으로 대체되었다. 우선 얇게 자른 빵 조각—소스와 고기즙에 담갔다가 꺼내 바구니에 담아 가난한 사람들을 위해 거리에 놓아두었다—, 그 다음으로 색칠한 나무나 아연 받침이 개인 접시보다 앞서 쓰였다. 포크는 미끄러운 음식과 고형 덩어리를 찌르는 데 쓰는 식사도구로서 17세기에 마지막으로 추가되었다. 베니스에서 처음 사용되었다고 입증되었다.

식사도구의 세분화는 노동의 증가를 필요로 했다. 전에는 숟가락과 칼을 그냥 핥거나 옷에 닦은 후에 다시 집어넣었는데, 이제는 상에 식기를 놔두면 나중에 다시 전부 다 치우고 설거지해야 했다. 그릇이 더 많이 필요했고 더불어 그릇을 수납할 장도 필요했다. 아마도 이 때문에 하인이 필요하게 되었을지 모르며, 이는 곧 적지 않은 비용 부담을 의미했다. 그런 까닭에 오랫동안 부유한 자들만이 이런 사치를 누릴 수 있었다. 그래서 유럽 이외의 지역에서는 도시의 부유한 중상류층 시민계급(이를테면 관리와 상인들)과 궁중에서만 식사도구를 사용했고, 초기에는 주로 숟가락과 칼만 썼다.

식탁 주위에 사람들이 모이면 누구나 마음 내키는 대로 집어먹은 것은 아니었다. 지금은 대개 주부가 음식을 나눠주지만 예전에는 그 일이 가장이나 초대한 주인의 특권이었다. 함께 식사를 한다는 것은 모두가 상에 오른 음식을 **나눈다**는 뜻이었다. 여기에는 사회적 결속의 가장 오래된 원칙, 즉 엄격한 호혜의 의무가 바탕에 깔려 있었다고 추측된다. 선물에는 상응하는 값어치의 답례 선물로, 서비스에는 그에 상응하는 반대급부로, 도움과 애정에는 적절한 연대감과 기분을 내보이는 걸로 보답해야 했다. 그리고 이것은 무엇보다도 가족들 간에, 정도가 좀 약하긴 하지만 친척들 간에 이루어졌다.

예부터 가족은 사회적 공동생활의 핵심 형태이며 엄격한 **분업** 기관이다. 남녀노소가 할당된 과제, 권한과 경험에 따라 다양한 방식으로 공동의 생계를 위해 제 몫을 했다. 사냥은 항상 남자들의 전유물이었고 반면에 여자들은 물과 땔감 장만, 채집 먹거리(곤충, 작은 동물, 버섯, 약초, 딸기류, 야생식물, 통발 어획)를 책임졌다. 딸들은 어머니를 도왔고 아들들은 아버지를 도왔으며 부분적으로는 가축떼를 돌보는 일처럼 독자적인 과제도 있었다. 노인들은 일을 **조직하고** 종교, 정치와 관련한 통솔 업무를 담당했다. 농경사회에서는 관할영역이 일부 바뀌거나 중복되었는데, 이를테면 남자들이 힘이 많이 드는 밭일을 하는 반면에 여자들이 김을 매고 수확물을 거둬들였다(어떤 의미에서는 '채집'의 연장이었다). 하지만 전반적으로 예부터 전해 내려온 분업을 고수했다. 그러니까 모든 사람이 자기가 일해서 얻은 것을 남들과 교환할 때, 즉 **나눌** 때만 **함께** 존속할 수 있었다.

그런 까닭에 전통 사회에서는 다른 사람이 있는 데서 **혼자** 뭔가를 먹거나 마시는 것을 실례로 여겼다. 사람들은 접시나 호리병을 건넸고, 받은 사람 역시 아무것도 남지 않을 때까지 똑같이 했다. 사냥꾼은 야생동물을 잡으면 친족이나 신분, 지위 등 정해진 분배 기준에 따라 적절한 품질과 크기의 조각들을 나눠주곤 했고, 설령 아주 소량일지라도 되도록 공동체의 모든 사람에게, 또 아이들에게도 몫이 돌아가게 했다. 이를테면 민도로(필리핀)의 알랑간-망얀족 사회처럼 항상 몇 가족이, 때로는 최고 열다섯 가족까지 롱하우스(1동의 가옥을 벽으로 막아 다수의 가족이 독립된 생계를 영위하면서 공동으로 주거하는 단층 연립 주거 형식-옮긴이 주)에 함께 사는 사회에서도 사정은 마찬가지였다. 사람들은 모두 똑같은 것을 먹으면서도 한 가족이 다른 가족에게 자기들의 음식을 덜어주었다. 그것은 공동체 정신의 계율과 다름없는 표현이었다. 이런 계율을 터키의 농부들은 "한 사람은 먹고 다른 사람은 쳐다보기만 해야 한다면 세상이 멸망할 순간이 온 것이다."는 말로 표현했다.

그런데 중요한 것은 선물이나 동작 자체가 아니라 주고받기 전체였다. 이미 어릴 때부터—채집한 먹거리든 장

난감이든 간에—아무것도 독차지하지 말라고 교육받았다. 아이들에게는 놀이 집단의 모든 아이들에게 나눠주라고 가르쳤다. 러시아의 민족학자 레프 야코브레비치 슈테른베르크(1862~1927)는 아무르강 하류에 사는 길랴크족 부락에서 이런 경험을 했다. "집주인에게 보드카 한 잔을 권하면 절대 혼자 마시는 법이 없다. 조금 홀짝인 후에 설령 그 숫자가 열 명이더라도 거기 있는 모든 사람과 돌려 마시며 아이들, 심지어 젖먹이조차 빼놓지 않는다. 그렇게 하지 않으면 중죄를 범하는 것이고 목숨을 잃을 위험이 있다는 것이다." 혼례와 성년식의 마무리 축제, 장례식과 희생제의 또는 '도축 기념 잔치'는 좋은 풍속을 부각시킬 적절한 기회를 제공하였다. 사람들은 이웃과 친척, 경우에 따라 마을 주민 전부를 초대했고 누구나 정해진 적당한 몫을 얻었다. 가령 최고 지위에 있는 사람들은 가장 맛있는 부위의 음식을 얻었다. 시베리아 남서부의 알타이족은 도축 후에 이웃들에게 고기 한 접시씩을 보냈고, 그러면 이웃들은 항상 직접 만든 음식을 담아 접시를 돌려주었다. 유럽의 농촌 지방에서도 얼마 전까지 사정이 다르지 않았다. 사람들은 서로 도왔고, 특히 혼례 전처럼 큰 돈이 나갈 일을 앞두었을 때 빵, 달걀, 버터, 치즈, 고기, 조리된 음식을 갖다 주곤 했다. 슈바벤 일부 지방에는 아직도 친척, 이웃들과 크리스마스 과자('구스틀레')를 나눠 먹는 풍습이 남아 있다.

나눔은 곧 **결합**이었다. 나눔은 사회적 관계를 확인하고 확고히 했으며, 때때로 방해가 되기도 하는 종속을 완화시켰다. 어떤 유럽인은 에스키모에게 고기 한 점을 받고 고맙다고 했다가 이런 잔소리를 들었다. "내게 감사할 필요는 없어. 뭔가를 얻는 것은 자네의 당연한 권리야. 이 땅에서는 누구도 남에게 신세를 지고 싶어 하지 않네. 그렇기 때문에 선물을 주지도 받지도 않지. 그랬다가는 종속되게 될 테니까. 채찍으로 개를 길들이는 것처럼 선물로는 노예를 만들 뿐이네." 뭔가에 대해 감사하는 것은 기부자의 아량을 의심하고 언젠가 적당한 답례품으로 보답하는 의무를 무시하는 것을 의미했을 것이다. 그렇기 때문에 그런 행동은 심히 미풍양속을 해치는 짓이었다. 남보다 처지가 나은 자만이, 돌려 받을 수 있는 것보다 더 많이 나눠줘도 되었고, 심지어 사람들이 보기에 그렇게 할 의무마저 있었다. 특히 능력이 있는 사람이면 누구나 궁지에 처한 자들을 적절히 도와줘야 했다. 그들이 받은 것을 언젠가 어떤 방식으로든 상환할 것이라는 가정 아래. 인색함은 일반적으로 가장 고약한 종류의 반사회적 태도로 여겨졌다. 그런 태도는 신분이 높은 사람들일수록 어울리지 않았다. 남들과 나누지 않고 재산을 축적하는 자는 주술적인 음모가 있다는, 그러니까 마법을 부린다는 혐의에 스스로를 내맡기는 것이다.

개인이 일해서 얻은 것의 지속적인 교환은 빛의 흔적처

럼 사회적 관계라는 실들이 엮어낸 매듭 무늬와 모두의 연대감을 두드러지게 했다. 집에서 다함께 하는 저녁식사나 마을 축제에서의 단체 연회는 실들을 다시 한 번 엮어서 인상적이고, 상징적인 촘촘한 직물을 만드는 것과 같다.

그럼에도 아주 가까운 사이의 사람들조차 한 상에서 먹는 일은 극히 드물었다. 전통적인 과거의 고문화에서는 남녀가 대개 **따로** 식사했다. 남자들은 장성한 아들들과, 여자들은 아이들, 장성한 딸들과 함께 먹었고, 축제 때는 그에 상응하게 따로 무리지어 먹었다. 남자들은 남자들만 모이는 집, 말하자면 그들의 '클럽'에서 먹을 때도 많았다. 아라비아의 베두인족은 지금도 여자들이 남자들 앞에서 먹고 마시는 것을 꼴사납게 여긴다. 로마의 건축가이자 건축사가인 비트루비우스(기원전 1세기)의 말에 따르면 고대 그리스에서는 '여자들이 상 곁에 같이 눕지 않는 것'(『건축서 De architectura』 VI 7, 4)이 미풍양속에 맞았다. 신앙심 깊은 인도의 힌두교도들은 아직까지도 이런 규칙을 따른다. 이와 관련하여 항상 **시차적인** 구별이 존속했다. 대개 조상들 **다음으로**—말했다시피 항상 제일 먼저 조상을 위해 음식과 음료 약간을 화덕 불에 태우거나 마당에 있는 제단에 바쳤다—남자들이 먼저 식사했다. 남자들이 식사를 마치면 여자들은 상을 치우고 나서 식사를 했다. 이때 여자들은 남자들이 먹으라고 남겨준 음식으로

만족해야 할 때가 많았다. 게다가 남자에게는 더 나은—또한 영양가도 더 높은—음식, 예를 들어 골수, 뇌, 간, 달걀, 사탕류와 같은 별미 및 고기와 생선이 돌아갔다. 이런 음식을 먹음으로써 남자들이 맡은 과제를 적절히 수행하는 데 필요한 힘과 생식력이 생긴다는 견해가 지배적이었다. 고트족의 테오도리쿠스 대제(453경~526)의 궁정에 있던 그리스인 의사 안티모스는 현재도 유럽 일부에서 여전히 존재하는 이런 견해가 당시 프랑크족 사이에서도 대세였음을 입증한다. 프랑크족의 경우 온갖 종류의 날 비계와 날고기의 섭취가 특히 상류층 남자들의 특권이었다. 그들은 이 음식을 힘과 전투력, 권력의 원천으로 보았다. 때문에 당연하게도 9세기만 해도, 이를테면 주교 암살 죄에 대한 처벌에는 무기 압수 외에 고기 공급 중단이 포함되었다.

한 가족의 부모와 자녀, 조부모가 식탁에 같이 앉는 일은 지극히 드물었다. 만사가 자유분방하고 형식에 별로 얽매이지 않았던 채집수렵문화에서만 해도 다 같이 식사를 했다. 그 밖에는 다른 사람이 아무도 없을 때만 그렇게 했다. 오늘날에는 가족이 다 함께 식사를 하는 근대 유럽의 관습이 제3세계 국가들에서, 적어도 도시에서는 점점 확산되고 있다. 보편적으로 식사 풍습 역시 공중公衆의 규모와 비례해 형식적이 되었다. 이를테면 지역사회의 중요한 축제 행사에서 남들이 지켜보고 있고 특히 다양한 친척 집단의 구성원들뿐만 아니라 여러 신분 집단이 서로 가깝게 어울리게 될 때 일정한 거리를 두는 규정과 존중하는 태도에 관한 규칙을 되도록 엄격히 준수해야 했다.

식탁에서 예의바르게 행동하는 것은 무엇보다도 **자기를 단련하는 일**이었다. 음식을 소량만 덜고 제일 좋은 음식부터 먼저 먹지 않는 것, **짐승처럼** 허겁지겁 먹지 않는 것, 천천히 적당량을 먹는 것, 다시 말해 절대로 **탐욕**을 드러내지 않는 것이 변함없는 예법이다. 1805년에 출간된 올바른 식사예절 교본에는 '심한 식탐을 보였다가는 이기적인 사람임이 폭로된다.'고 쓰여 있다. 1817년에 바젤에서 나온 학생용 독본은 세 페이지에 걸쳐 '단정하고 훌륭한 예절 규정'을 다루면서 이렇게 경고한다. '식사할 때 탐욕스럽게 먼저 (공동!) 접시에 손을 대지 마라.' 또한 식탁에 팔을 올려놓거나 팔꿈치로 받치거나 손톱에 때가 낀 채로 식사하러 오지 말 것이며 손으로 음식을 집거나 '그런 다음 손을 혀로 핥고 홀짝거리며 마시고 큰 소리로 쩝쩝거리지' 말라고 했다. 무엇보다도 노인들이 모범을 보이고—다른 일에서도 보통 그렇듯이—예의 바르고 자제력 있고 품위 있게 처신하기를 기대했다.

식탐과 폭식은 동슬라브 민족의 민간 신앙에 따르면 정령이나 '마귀'가 원인인데, 이들은 눈에 보이지 않게 식탁에 같이 앉아 자기에게 예속된 자들을 강요해 자기 대신

먹게 만들었다. 옛날에 러시아에서는 "손을 씻지 않거나 기도를 하지 않고 식탁에 앉은 자는 적정량보다 세 배나 더 먹는데, 그 까닭은 집의 정령과 숲의 정령, 또 다른 정령들이 함께 앉아 식사를 하기 때문이다."라고 말하고는 했다.

전설의 세계에 사는 용감한 전사들과 지상에 사는 거대하고 힘이 장사인 용사들에게는 물론 예외 규정이 적용되었다. 신화에 나오는 헤라클레스, 호메로스 이야기와 게르만의 영웅들은 위대한 고대 철학자이자 자연과학자, 민족학자였던 아파메이아의 포세이도니우스(기원전 135~51경)가 남프랑스 켈트족의 노련한 사내들을 직접 관찰한 후에 쓴 아래의 글처럼 '먹었다'.

켈트족은 식사 때 나무로 만든 낮은 상 앞에 건초로 된 잠자리에 앉는다. 그들은 빵은 많이 먹지 않지만 고기는 많이 먹는데, 물에 삶거나 숯불에 굽거나 꼬치에 끼워 구워 먹는다. 게다가 사자처럼(!) 대식을 하는데, 모든 부위와 사지를 손으로 잡아 이빨로 뜯어먹는다. 이가 성치 않을 때만 칼집에 붙은 별도의 주머니에 들어있는 단도를 사용한다.…… 부자들의 음료는 이탈리아나 마실리아(현재의 마르세유)에서 생산한 와인이다. 와인은 아무것도 섞지 않고 마시거나 가끔 물을 아주 조금 탄다.…… 그들은 이 음료에 지나치게 푹 빠져 있고…… 욕심을 내어 과음하는 탓에 취해서 잠들거나 미친

것과 비슷한 상태에 빠진다.…… 연회에서도 하찮은 일로 말다툼을 벌여 도전과 결투에까지 이르는 일이 빈번하다.

이미 폴리비오스(기원전 200~120경)도 켈트족의 '지나친 애주와 대식 습관'을 언급했다(I 19). 그리스인들은 유럽 북서부에 사는 먼 이웃의 그런 식의 조야함을 야만성의 전형적 표현으로 보았다. 예를 들어 유명한 희극작가인 아리스토파네스(기원전 445~386경)는 이렇게 빈정댔다. "야만인들은 네가 산 하나를 통째로 먹어치울 능력이 있어야만 너를 사내 취급한다." 이는 예의바른 그리스인들에게는 야만적인 무절제의 일례였다.

신의 혈통인 영웅들이 참석하건 귀족 계급의 전사들이 참석하건 상관없이 이런 종류의 연회는 추측컨대 매우 시끌벅적하고 그다지 깨끗하지 않았을 것이다. 반면에 전통적 촌락 사회의 평범한 사람들과 온건한 농부들은 미비한 식탁 위생, 특히 음식을 흘리는 것을 지나치게 쩝쩝대며 먹는 것이나 입이나 다른 곳으로 식욕을 떨어뜨리는 소리를 크게 내는 무분별한 행동과 마찬가지로 무례하다고 생각했다. 연소자들은 연장자들보다 먼저 먹어서는 안 되었다. 내가 먹기 전에 우선 옆 사람들에게 먹으라고 권했다. 별미는 끝까지 남겨두었다. 이 규칙은 고문화에서 정선된 음식을, 또 나중에는 특정한 기호품(커피, 코냑, 시가, 초콜릿)을 후식으로 내는 관습에 계속 살아남았다. 문화사적 기초지식이 매우 한정되었던 게 분명한 사회학자 노르베르트 엘리아스(1897~1990)의 유명한 명제와는 배치되게, 식탁에서건 다른 어디에서건 교양 있는 행동거지의 기본 규칙은 스스로를 고상하게 여기는 유럽 중심적 사고가 인정하고 싶어 하는 것보다 훨씬 더 오래되었다. 이런 규칙은 고문화 이전의 전통적인 농촌 중심 마을 문화에까지 거슬러 올라간다. 그중 많은 것이, 가령 식탁 위생, 자기 규율, 같이 식사하는 사람들에 대한 예의는 오히려 정반대로 근대 유럽에서 상실되었다. 로테르담의 에라스무스(1466~1536)가 1530년에 쓴 『소년들의 예절론*De civilitate morum puerilium*』에서 무엇보다도 "향락주의자들이 늘 그러하듯이 전체 연회상에서 찾지 말고 우연히 자기 앞에 놓인 것을 집어먹어라."든가 "금방 내오는 음식에 맨 먼저 손대지 마라, 그러면 탐욕스러워 보이니까."라고 요구한 것을 엘리아스의 주장대로 문명화된 식사 예법의 시작으로 보기보다는 오히려 옛날의 훌륭한 **고전적** 덕목을 새로이 깨닫게 하는 시도로 봐야 한다.

적어도 정찬은 되도록 말없이 먹는 것도 그런 덕목 중 하나였다. 정찬은 일종의 성스러운 행위였다. 조상들이—앞서 말했듯이 사람들은 우선 조상에게 제물로 음식을 바쳤다—함께 식사했고, 다른 한편으로 그들이 죽인 식물신의 몸을 먹는 것이었다. 그 밖에 다른 사람을, 특히 연장자나 고위 인사들을 식사 때 방해하거나 식사하는 모습을 쳐다보는 것은 대개 금기시했는데, 그 이유는 여러 가지였다. 첫째로 일반적으로 타인의 사적 영역을 침해하는 것은 무례한 일로 여겨졌다. 또한 치근대는 행동은 같이 식사하고 싶다는 뜻으로 해석될 수 있었다. 그러니까 그 가족에게 호혜 원칙에 따라 자신을 초대하라고 **강요하는** 셈이었다. 마지막으로, 나중에 합류한 자들이 질투심을 느낄 수 있고, 그것의 위해한 힘이 시선과 함께 퍼져 나와 음식을 '중독시킨다'는 믿음도 언제나 한 몫을 했다. 19세기말만 해도 오버외스터라이히(오스트리아의 주 이름-옮긴이 주)를 여행하다 보면 농부들이 식사하는 중에 누가 방에 들어서면 다들 '자기들의 음식을 마음속까지 질투할까봐 두려워서 눈에 띄게 식사도구를 손에서 내려놓는' 광경을 목격할 수 있었다. 특히 허기 진 사람을 대개 두려워했다. 모로코에서는 뱃속이 빈 사람 앞에서 뭔가를 먹으면 독을 삼키는 것과 똑같은 결과를 낳는다고 생각했다. 아마도 이런 이유에서 사르디니아 사람들은 학자의 시선이 자신의 음식에 닿으면 특히 불안해했을 것이다. 근동이나 제3세계 국가를 여행하다보면 심지어 기차에서조차도 간식을 먹을 채비를 하면 같은 객실에 탄 사람들이 슬쩍 뒤로 물러나는 경험을 할 수 있다. 그들은 그 음식이 자기 위를 뒤집어놓을지도 모른다고 생각해 그런 빌미를 안 만들려고 하는 것이다. 마찬가지로 이쪽에서는 그 사람이 객실에서 나가주기를 기대했다. 전통적인 군주정에서 흔히 신성한 의미를 부여받았던 군주들은 그 안에 백성의 생명력과 '치유력'이 최고로 집중되어 있다고 여겨졌고 그런 까닭에 만인의 안녕을 위해 항상 특별한 신변보호를 받을 필요가 있었다. 따라서 철저히 격리된 채 식사를 함으로써 주술적 힘에 의해 건강과 활력이 약화될 가능성을 차단했다. 왕이 아내들과 궁신들이 있는 자리에서 마시면 이들은 즉시 손으로 얼굴을 가렸다. 왕이 공개석상에서 뭔가 마시려고 하면 그 자리에 있던 사람들 모두 바닥에 엎드리거나 돌아섰다. 왕에게 호리병이나 접시를 건넬 때 하인은 고개와 몸을 돌리고 군주에게 등 뒤로 그릇을 건넸다.

인간은 동물의 순수한 동물적 본능과 자신을 분명히 구분하려고 노력했다. 인간에게는 동물과는 달리 항상 도덕이 **먼저**였고 '먹는 것'은 그 다음이었다.

동물과는 달리 인간은 이방인도 식사에 초대했는데, 물론 **손님에 대한 예의**라는 좁은 한도 내에서 그렇게 했다. 식사에 초대함으로써 이방인들과 직접적으로 접촉하게 될 뿐만 아니라 어쩌면 그들이 가족의 사적 영역으로 들어오게 될지도 몰랐기 때문에 조심할 필요가 있었다. 그래서 접대는 항상—그 기본 특징은 전 세계적으로 일치하는—전형적으로 의례화된, 다시 말해 철저하게 **형식화된** 방식으로 이루어졌다. 그래도 에스키모들은 조금 법석을 떨었다. 중요한 것은 손님과 함께 먹는다는 것이었다. 그래서 다들 차례대로 손님을 초대했다. 크누드 라스무센(1879~1933)이 야영지를 찾아가면 어디에서나 도착하는 즉시 모든 가정이 그에게 자기 집에 들러 바다코끼리 생간을 먹으라고 억지로 권했다. 그가 이런 환대에서 회복하는 데 며칠씩 걸릴 때도 많았다. 정착생활을 하는 농경사회에서는 접대 의식이 훨씬 세분화되어 있다. 우선 가장이 방문객을 문 앞에서부터 맞이하고 틀에 박힌 일정한 미사여구로 인사를 건넸다. 그러면 손님이 상응하는 말로 응대해서 가끔 몇 분 동안 대화가 오고갔고 양쪽에서 역시 정해진 경의를 표시하는 몸짓이 대화에 수반되었다. 이윽고 젊은 남자들이 손님에게 손 씻을 물을 건네거나 또는 직접 손을 씻겨주기도 했고 발까지 씻겨줄 때도 많았다. 정화를 위해 손님을 연기로 그을리고 목욕하게 했고 목욕이 끝나면 가족 소유의 새 옷을 건네주었다. 준비해 둔 맥주가 없으면 우선 손님에게 물 한 모금을 권했다. 나이지리아의 이그보족의 경우에 주인은 손님들이 오면 콜라나무의 열매 하나를 손님 수대로 잘라 가져왔고, 주인이 기도를 한 후에 다들 자기 몫을 먹었다. 그런 다음 손님을 집 안으로 안내하거나 거의 모든 전통 사회에 존재하는 별도의 손님용 숙소로 안내했으며, 남자들만 모이는 집이나 집단 최연장자의 농장에 있는 특정한 오두막으로 안내할 때도 많았다. 안에 들어가면 손님에게 상석을 권했고, 이어서 소개 의식은 향연으로 절정을 이루면서 마무리되었다. 여자들은 대개 여기서 제외되었고, 때때로 방문객들의 여성 동반자를 돌보는 게 다였다. 음식을 차리고 시중들고 마지막에 다시 상을 치우는 것은 집안 아들들의 과제였다.

공동 식사로 마무리하는 이런 영접은 **입양 의식**에 해당되었다. 같이 먹는 사람은 가족이나 마찬가지며 손님은 준準 친척이 되었다. 그래서 대개 식사 후에야 손님에게 이름과 출신지, 여행의 목적 등을 물었다. 또한 손님은 집 주인의 '남동생'으로서— 흔히 그렇게 이해되었다—더 이상 새 가족 집단의 어느 누구에게도 죽임을 당하지 않게 되었다. 만약 손님이 부정을 저지르면 '형'이 대신 책임을 져야 했다. 그가 손님으로 머물다가 죽으면 형이 그의 유산을 상속했다. 손님이 몸과 생명에 화를 입으면 주인이 복수해줘야 했다. 손님은 항상 친 혈육보다 우선적으로 보호해야 했는데, 설령 손님이 혈육 중의 하나를 죽였다고 하더라도 마찬가지였다. 그래서 알바니아인은 자기와 피의 거래로 얽힌 누군가와 빵을 나눠먹기를 피했다. 그랬다가는 그에게 반대할 수도, 그의 가족에게 반대할 수도 없었기 때문이다.

손님의 특별대우는 그 자체로 문제가 된다. 원래 사람들은 이방인과의 접촉을 피했기 때문이다. 그런데 이방인에게 경의를 표하다니, 전혀 앞뒤가 안 맞아 보인다. 하지만 명백한 설명이 있다. 바로 낯선 방문객들이 **조상의 사절**, 심지어 **신**일지도 모른다는 생각이 전 세계에 퍼져 있다는 것이다. 그런 면에서 경우에 따라 축복을 받고, 또 절대로 그들의 역정을 사지 않기 위해서 그들을 잘 대접하는 것만이 바람직했다.

축복이나 역정과 관련해 이른바 '방문 신화들'이 고무적이면서도 겁을 주는 예를 보여준다. 어떤 고대 그리스의 설화에 따르면 옛날에 히리에우스('양봉가'란 뜻)란 이름의 가난한 농부 겸 양봉업자가 살았는데, 그는 자식을 낳지 않겠다고 굳게 다짐했었다. 하지만 늙고 기력이 쇠하자 자식을 낳지 않은 것을 후회했다. 그러던 어느 날 두 남자가 집에 찾아왔고 그는 친절하게 맞이하여 융숭하게 대접했다. 남자들은 식사를 마친 후에 그에게 평생 가장 원하는 게 뭐냐고 물었다. 히리에우스는 한숨을 내쉬면서 아들이 하나 있으면 정말 좋겠지만 이제 너무 늦었다고 대답했다. 그러자 손님들은 그에게 황소 한 마리를 제물로 바치고 그 껍질을 벗겨 거기에 오줌을 눠서 젖은 털가죽을 아내의 무덤 속에 넣으라고 조언했다. 그들은 사실 제우스와 헤르메스 신이었다. 아홉 달 뒤에 노인에게—정확히 어떤 방법으로 그렇게 되었는지는 이야기에 적혀 있지 않지만—실제로 아들이 태어났고, 노인은 아들에게 '오줌을 누는 자'라는 뜻의 '우리온'(오리온)이라는 이름을 지어줬다.

이 이야기는 창세기 18장에 나오는 아브라함과 사라의 전설을 연상시킨다. 어느 날 정오 무렵에 아브라함이 더위에 잠시 쉬려고 마므레 숲(현재의 헤브론 근처)에 있는 그의 장막 문 앞에 앉아 있었다. 갑자기 그가 졸린 눈을 뜨자 눈앞에 세 남자가 서 있는 것이 보였다. 그는 벌떡 일어나 그들에게 손님으로 모시겠다고 했다. 그들에게 발을 씻으라고 하고 나무 그늘에서 송아지 구이와 빵, 버터, 우유를 대접했다. 이윽고 손님 중의 한 명, 성경 구절에 따르면 바로 하느님 자신은 아브라함에게 다음해에 이삭이 태어날 것이라고 예언했다. 나머지 둘은 그 길로 소돔으로 가서 성문 앞에 앉아 있던 롯을 만났다. 롯 또한 그들에게 집으로 들어오라고 청하고는 발을 씻으라고 하고 융숭히 대접했다. 그런데 이웃들이 이방인들을 의심해 롯에게 그들을 내놓으라고 요구했다. 하지만 롯은 손님의 권리를 존중했다. 손님들을 위험에 빠뜨리지 않으려고 그는 밖에 몰려온 남자들에게 자신의 두 딸을 내주었다. "너희 눈에 좋은 대로 그들에게 행하고 이 사람들은 내 집에 들어왔은즉 이 사람들에게는 아무 짓도 하지 마라." 그러나 그 사이 위협적으로 불어난 무리는 거래를 받아들이려 하지 않고 강제로 집 안으로 들어오려고 했다. 그러자 실제로는 '주님의 천사'였던 두 손님은 공격하는 사람들의 눈을 멀게 하고 반쯤 잠들게 해서 그들이 이리저리 비틀거리며 더는 아무 짓도 못하게 만들었다. 다음날 두 손님은 롯과 그의 가족을 도시에서 데리고 나와 산으로 올라갔다. 그들은 소돔과 고모라가 폐허가 되는 광경을 지켜볼 수 있었으며 그 재앙에서 유일하게 살아남았다(창세기 19장).

이 이야기는 다시금 고대 그리스의 필레몬과 바우키스에 관한 이야기를 연상시키는데, 이들은 프리지아에 사는 늙은 부부로서 마을에서 유일하게 두 이방인을 오두막에 맞아들였고 간소한 저녁식사를 나눠먹고 그들에게 잠자리를 제공했다. 다음날 그 손님들은 제우스와 헤르메스라고 정체를 밝히고는 노인들을 마을 밖으로 데리고 나와 가까운 산으로 인도했으며, 거기서 그들은 마을과 그 주변이 주민들의 손님에 대한 불친절함 때문에 수해로 폐허가 되는 광경을 볼 수 있었다. 오로지 그 노인들의 오두막만 수해에서 무사히 남았고, 신들은 심지어 그 오두막을 화려한 신전으로 탈바꿈시켰으며 부부는 그때부터 신전을 돌보며 살았다.

오래되고 널리 퍼진 관습인 이른바 '접대성 매춘'도 분명히 방문 신화와 관련이 있는데, 그 외에는 달리 설명을 찾기가 극히 힘들어 보인다. 이는 집주인이 자기가 손님의 권리를 부여한 낯선 남자 방문객들에게 장성한 딸, 심지어는 아내마저도 동침하라고 바치는 풍속을 말한다. 관련 보고들의 문화적 맥락에서 알아차릴 수 있듯이 그럼으로써 가족의 번식력 강화뿐만 아니라 특히 말하자면 신의 은총을 받은 **후손**을 기대했다.

근래에는 변방 지역에서만 이 풍속을 이어갔다. 어차피 그럴 시간도 많지 않았다. 손님 환대는 대개 최대 사흘 낮(과 밤)으로 제한되어 있었던 것이다. 이는 망자와 신들이 지상에, 산 자들이 저승에 머무는 통상적 기간이었다. 사흘이 지나면 손님과 작별했다. 손님은 여행 중에 먹을 음식을 얻었고 종종 선물도 받았으며 농장 문이나 마을 끝까지 주인의 배웅을 받고 이어서 지역 경계선까지 그 아들들의 배웅을 받았다. 이로써 손님의 권리는 소멸되었다.

사람들은 '해가 바뀌거나' 계절이 바뀌는 전환기 동안의 대규모 축제에 조상과 신들이 참석한다고 한결같이 믿었다. 그래서 그들에게 항상 특별히 풍성한 제물을 바쳤고 제일 좋은 음식, 무엇보다도 고기와 다른 잔치 음식을 제상에 올렸다. 공동 식사는 역시 호혜의 원칙만을 따랐다. 그것으로 사람들은 지난해 조상과 신들이 내린 축복에 보답하고 동시에 새해에도 은총을 베풀어 달라는 간청을 했다. 기독교인들이 식탁에서 하는 "예수님, 부디 오셔서 저희와 자리를 함께 하시고 주님이 저희에게 내려주신 것을 축복해 주시옵소서."라는 기도와 같은 맥락이다. 때문에 대개 가축만, 다시 말해 **스스로 일해서 얻은** 것만을 제물로 바쳤다.

수렵시대 이후 흔히 그랬듯이 도살과 식사용 고기 요리

는 남성의 몫이었다. 고귀한 손님들과 그들에게서 받은 선물을 생각할 때 절약은 가당치 않았을 것이다. 대규모 연례 축제들은 상황이 허락하는 한 성대하게 치렀다. 사람들은 말 그대로 토할 때까지 맘껏 먹고 마셨다. 아무것도 부족해서는 안 되었다. 그랬다가는 다음해에 조상들과 신들도 자제할지 모르기 때문이었다. 고기 외에—뉴기니에서는 이때 엄청난 양의 돼지고기를 먹어치웠다.—흔히 축제 때만 상에 오르는 특별 요리와 별미가 있었다. 정선된 재료를 쓴 개량된 일상 음식, 온갖 종류의 구이 요리, 특히 갖가지 단 후식이 있다.

옛 풍습의 흔적은 유럽에서는 얼마 전까지, 또 몇몇 외진 농촌지역에서는 오늘날까지 각 축제마다 특정한 요리와 '특수한 모양'으로 된 빵을 즐기는 풍습으로 이어졌다. 성목요일(허브 수프, 슈바벤에서는 마울타쉔), 성금요일(생선 요리), 부활절(양고기 구이, 달걀), 성요한절, 만령절, 새해 첫날(튀김과자), 공현절(죽과 만두, 튀김과자), 사육제(튀김과자)와 크리스마스(생선요리, 오리와 거위 구이, 영국에서는 돼지머리, 슈톨렌, 꿀케이크, 렙쿠헨, 과일 비스킷). 거의 전부가 옛날 제사 음식에 기원을 두고 있다.

그 밖에도 유럽의 많은 지역에서 죽은 자들은 작별할 때에 '크리스마스에 오는 자', '별을 달고 노래하는 자'(공현절), '요구하는 소년'의 모습을 하고 가는 길에 먹을 음식을 본격적으로 요구하기도 했다. 그들은 노래를 부르며

거리를 돌아다녔고 집집마다 문을 두드려서 비스킷과 과일, 견과류, 사탕을 받았다. 조금밖에 주지 않으면 못살게 굴었다.

7. 남자들의 식사

먹고 마심은 처세의 문화, 또는 정치경제학의 산실

축제는 지역의 재통합 의식이다. 산 자와 죽은 자, 그리고 신들은 해마다 공동 축제, 제식 및 주요 만찬을 통해 그들의 유일성을 축하했다. 모두들 유일하고 커다란 공동체로서의 자신을 경험했고, 행사에 참여함으로써 협조와 연대를 확인했다.

그러나 제도화되고 안정된 관계들이 자꾸만 흔들리고 깨어질 위험에 빠졌다. 과도기인 한 해의 전환국면에 공백 상태가 발생하듯이 한 사람의 인생의 전환점에서도 잠깐 동안 생애의 앞뒤 시기가 멈칫하고 진행의 연속성이 중단되면서 예측할 수 없는 영향을 끼쳐 '옆길로 벗어나는' 결과를 초래하는 '어두운' 공간이 나타났다. 따라서 의식儀式의 통제조치를 써서 이에 대처할 필요가 있었다. 모든 급격한 상태 또는 상황의 변화 과정이 그런 종류의 심각한 순간들이었다. 그러니까 조상의 혼이 다시 인간들 틈에서 체화할 뿐만 아니라 신혼부부가 부모가 되는 초산, 어른의 삶으로 바뀌는 사춘기, 신랑신부를 통해 상이한 두 친족집단이 서로 지속적으로 접촉하게 되는 결혼, 마지막으로 산 자의 영혼이 혼자 된 배우자와 애도하는 사람들을 남겨두고 막 저승으로의 행보를 시작하려 하는 죽음이 특히 그런 순간이었다. 적절한 출생의식, 성년의식, 혼례의식, 장례의식에 어김없이 뒤따르는 공동 향연을 끝으로 가족들, 삶의 변화에 의해 단기적으로나 중기적으로 단절된 자들, 이제 막 '새로 태어난 자들'은 통합되었다. 개인의 생애에 있어서 마을의 신년 연회와 유사한 경우였다.

심각한 팽창기 동안에도 이 두 가지 덕분에 결속은 그 자체로서뿐만 아니라 끊임없는 반복—주술적인 반복 원칙—을 통해 한층 더 굳건해졌다. 거듭해서 똑같은 방식으로 벌어지는 일은 연마되거나 또는 나사가 더 깊이 조여진다. 의식화된 기억 역시 여기에 바탕을 둔다. 역사적 위인의 탄생과 사망, 중요한 사건들을 해마다 혹은 50년,

100년 주기로 기리는 축제, 성인과 구원의 역사에서 중요한 시기를 기리는 교회 축일들, 또 다른 종류의 기념일과 추모제는 이미 일어났던 사건을 '궤도'에 붙잡아 두고 그것이 망각 속으로 '표류'하지 않도록 주기적으로 기억 속에 되살린다. 그리고 다시금 거의 예외 없이 이 축제 행사들의 중심에 **연회**가 있다. 잊지 말아야 할 사람은 계속해서, 설령 생각으로만 일지라도, 식탁에 함께 앉아야 한다. 어떤 집단이 기억 속에서 생생하게 보존될 가치가 있다고 생각하는 것은 함께 식사하면서 그것을 추모하고, 시간을 되돌려 결합과 구속력을 강화하고자 하는 아주 오래된 기본 의식을 통해 그것을 불러내면서 확인했다. 콘스탄츠 출신의 주교 성 콘라트(975년 사망)는 수도사의 생활에 특별한 애착을 가졌던 까닭에 상속받은 재산뿐만 아니라 소득의 일부마저 교회와 병원 설립 외에 우선적으로 수도원 설립과 실내 설비에 사용했는데, 수도사들과의 연대감을 표현하기 위해 일 년에 몇 번씩 그들과 함께 식사하곤 했다. 그런 식사 때 성 콘라트는 우선 잔을 들고 수도원 식당 중앙으로 나가 수도원장, 이어서 모든 사람에게 일일이 함께 마시자고 청하고 입을 맞추고는 함께 식사했다. 성 콘라트가 사망한 후에 수도사들은 매년 그의 기일에 대규모 추모 만찬을 거행해야 했다. 그가 죽음을 넘어서까지 연대감을 유지하기를 바랐던 것이다. 그것은 이교도의 훌륭한 옛 풍습에 일치하는 것으로, 기독교도들도 그 풍습을 버리고 싶어 하지 않았다. 그런데 이런 만찬이 그다지 떠들썩하지 않게 진행된 것, 특히 성직자가 관련되어 있을 때 그랬던 것은 교회의 뜻이었다. 수도사뿐만 아니라 사제들에게도 망자와 성인의 추모제 때 너무 경거망동하지 말고 과음하지 말라는 지시가 내려졌던 것이다. 또한 남에게 억지로 술을 권하거나 '악령의 가면'을 쓰고 외설적인 이야기를 하고 노래를 부르며 방종한 무희들과 어울리는 것이 금지되었다. 이런 식으로 절제를 호소한 데에는 분명히 확실한 계기가 있었을 것이다.

빵을 남과 나눠먹은 자는 꼭 식도락가Genießer는 아니었지만 그와 '동무Genosse'가 되었다. 독일어에서 두 단어는 어원상 근원이 같다. 고트어로는 *gahlaiba*, 고고古高독일어로는 *gileibo*에 해당하는데, 이는 '같은 빵 덩어리를 먹는 자'란 뜻으로 나중에 고대 불어의 차용어 *compain*으로 대체되었다. 이 단어는 통속 라틴어의 *cum/com* '-와 함께'와 *panis* '빵'의 복합어인 *companio*에서 연원하고 글자 그대로 '빵 동무'란 뜻인데, 중세고지 독일어에서 *kumpan*으로 변형되었다가 결국 광부와 군인들의 용어로 친숙한 '쿰펠Kumpel'^(광부, 친구라는 뜻-옮긴이 주)이 되었다.

특히 낯선 사람, 직업상의 라이벌이나 적이 친구나 사업 파트너가 되었을 경우에는 신뢰할 만한 우정이나 '친교'를 맺을 필요가 있었다. 개인적인 불화나 파벌 싸움,

달갑지 않은 경쟁 관계를 해소한 후에 새 화합을 확인하고 화합의 확고부동함을 의식상 보장하기 위해서는 **함께 먹고 마시는 것** 이상 확실한 방법은 없었다. 터키와 이란의 시장에서는 적어도 옛날에 아직 관광산업이 별로 성하지 않았을 때에는 물건을 많이 사면 상점 주인이 차 한 잔을 권했다. 친교를 맺는 식사, 또는 사업상이나 외교상의 '협상을 위한 식사' 동안에 사람들은 계속해서 서로 건배했고 주술적인 음주 문구를 말함으로써 동맹의 존속과 번영을 맹세했다. 이런 풍습은 알다시피 지금도 여전히 일반적인 인기를 누리고 있다. 이따금 들리는 말에 따르면 사업 파트너들은 칵테일파티나 점심 또는 저녁식사 외에도 금전적인 도움과 어떤 의미에서 그들을 도와주는 '호스테스'의 형태로 은밀한 선물을 받을 때가 많다.

전통 사회에서는 화해한 당사자들의 성대한 연회가 평화의식의 절정을 장식했다. 아삼의 세마 나가족의 경우에 이런 연회를 위해 양측의 경계 지역에 적당한 장소를 골랐다. 이어서 엄청난 양의 음식을 준비했다. 가금류와 돼지를 도축하고 쌀과 채소를 조리하고 특히 커다란 솥에 쌀맥주를 양조했다. 정해진 날에 양쪽 남자들—여자들은 축제에서 제외되었다—이 음식을 전부 싸들고 와서 서로 어느 정도 거리를 두고 진을 쳤고, '장교들'과 촌장들은 무리보다 한 걸음 앞에 섰다. 그러면 직책상 **화합의식을** 관할하는 양측의 사제 두 명이 서로에게 다가가 의례적으로 불을 붙였고, 그 불은 양쪽 남자들이 모아서 들고 온 땔나무로 유지되었다. 거기에다 태우면 따끔한 연기를 내는 기름 성분의 명아주과 식물 *Chenopodium murale*—옛날부터 전 세계적으로 시금치 채소, 곡물 공급원, 약용식물로 사용되어 왔다—을 태웠다. 여기서 나는 연기는 정화에 이용되었다. 이윽고 양측은 서로 음식을 교환하고 모두 무기를 내려놓고 먹고 마시기 시작했으며, 이때 누구나 머릿속으로 화해를 열망해야 했다. 식사를 마친 후에는 평화가 확인된 것으로 여겼다.

어디에서나 이와 비슷한 일이 있었는데, 중세 전성기 유럽의 귀족들 사이에서도 마찬가지였다. 드렌테가우의 발데리히 백작과 빌룽의 비히만 3세 백작은 1015년 말에 긴 파벌 싸움 끝에 양측에서 증인이 열두 명씩 참석한 가운데 마침내 평화와 친선을 맺었다. 그럼에도 그들은 공동 연회를 통해서 새 화합을 확인하기 전까지는 이를 전적으로 신뢰할 수 없다고 생각했다. 그런 까닭에 발데리히는 나중에 자신의 영지에서 성대한 향연을 열어 오랜 적수를 초대했고, 문헌들의 기록에 따르면, 그렇게 함으로써 비로소 그와 완전히 화해했다고 한다.

직업, 신분, 지위가 구분된 복잡한 도시 사회에서는 정체성이 흐려지고 모호해질 위험이 있었다. 이곳에서는 옛날부터 다양한 사회 집단들이 염색공이든 금세공사든 포목상이든 귀족이든 사제든 일정한 거리와 구역에서 폐쇄적인 정착촌을 형성함으로써 고유의 의상, 풍습, 교류형식, 족내혼 등을 부각시키고 고유의 정체성을 고수하려는 노력이 팽배했다. 여기서도 역시 정기적인 공동 연회가 가장 중요한 통합 및 결속 수단에 속했다. 로마 귀족들은 서로 집에서 연회를 열고 초대했는데, 여기에는—아마도 똑같이 그렇게 했던 에트루리아인을 본떠서—여자들도 참석했다. 대개 제일 먼저 조상이나 신들에게 제물을 바쳤는데, 그런 까닭에 이런 연회가 초기의 제사에서 유래했다고 추측할 만하다. 어쨌든 연회에는 없는 게 없었다. 각 가문마다 남보다 나으려고 애쓰는 바람에 결국 당국이 개입해서 귀족의 향연에서 무엇을 얼마만큼 먹고 마셔도 되는지 규정한 '반 사치법'을 공포하기에 이르렀다.

같은 풍습을 지켰던 사제 집단은 이 법에서 제외되었던 듯하다. **사제의 만찬**은 아주 드문 **합법적인 폭음 폭식** 기회 가운데 하나였고 요리의 혁신을 위한 최고의 전제조건이 되었다. 정치가(집정관)이자 역사가, 유명한 미식가이자 당시 로마 최고 갑부 가운데 하나였던 루키우스 리키누스 루쿨루스(기원전 1세기)가 복점관卜占官 협회 회원이었던 것도 다 이유가 있었던 것인데, 이들의 특별식은 고급 생선 요리였다. 복점관은 누구나 개인 양어장과 품종을 소유했고, 개인적으로도 생선을 몹시 좋아했던 루쿨루스 역시 예외는 아니었다. 로마의 고위 국가 관료이면서 문화사에 정통한 저명한 철학자 마크로비우스(400년경)는 사제들의 향연의 음식 순서를 전해줬다. 향연은 다음과 같은 요리들로 구성되었다.

> 주요리 전에 성게류, 생굴(누구나 원하는 만큼),* 대왕조개, 조개류, 아스파라거스를 덮은 지빠귀, 사육 닭, 굴과 대왕조개 한 접시, 검은 도토리, 하얀 도토리, 또 다시 조개, 대합조개류, 쐐기풀, 두 종류의 뿔고둥이 나왔다. 주요리로는 돼지 젖퉁이, 수퇘지의 머리, 생선 한 접시, 젖퉁이 한 접시, 삶은 쇠오리, 산토끼, 구운 비육 가금류, 귀리죽과 피케눔 빵(『사투르누스 축제』 III 13, 12).

물론 사람들은 틈틈이 숨을 돌리고 따로 지정된 장소에서(**배출구**에서) 그 유명한 깃털로 다음 코스의 음식이 들어갈 자리를 마련하면서, 그러니까 주기적으로 토하면서 그런 메뉴를 소화했다.

고대 동양의 고문화가 꽃핀 도시들에서 이미 일찍부터 형성되었고 고대 그리스 로마, 비잔티움, 중세 이슬람권 및 유럽에서 계속해서 수공업과 상업 부문을 지배했던 동업조합과 길드에서는 결속과 직종의 정체성을 유지, 강화하려고 일 년에 몇 차례씩 공동 만찬을 개최했다. 고유한

---

* 로마인들은—그 밖에 고대 중국인들도 그랬듯이—자신의 굴 양식장을 운영했다.

수호신을, 나중에는 특정한 성인을 모셨기 때문에 그들의 규약은 고대의 비교秘敎 및 숭배 집단과 공통점이 많았다. 이런 집단들과 마찬가지로 자신들의 내부생활을 비밀에 부치기 일쑤여서—나중에 이와 비슷하게 프리메이슨단의 유사한 지부들에서도 일반적이었듯이—, 내부 사정이 밖으로 별로 알려지지 않았다. 중세 길드의 집회에 대해서 당대의 목격자들은 적어도 그들이 이른 아침부터 식사를 시작했고 그러면서 '말하자면 엄숙하게 *quasi solemniter*' 취하도록 술을 마셨다고 기록했다. 남들보다 술을 잘 마셔서 남들이 내켜 하는 것보다 자주 술잔에 손을 뻗게 만드는 자는 특히 큰 공을 세웠다. 중요한 교회 축일이나 내부 재판 절차의 종결 역시 그런 연회를 벌이는 주된 계기가 되었다. 죄 지은 자는 속죄를 위해 적당량의 맥주와 꿀(꿀술 양조용) 값을 지불해야 했다. 그러고 나서 속죄와 되찾은 평화를 '한 모금 들이마셨다'.

푸짐한 식사가 나른하고 지치게 만드는 반면에 '알코올' 음료는 적어도 비록 잠시뿐이긴 하지만 생각에 날개를 달아줄 수 있다. 그런 까닭에 많은 초기 문화에서는 이런 매력적이고 목적 달성에 유용한 수단을 사교 장려에뿐만 아니라 시의회 회의에서 중요한 결정을 내릴 때에도 이용했다. 전통적인 촌락 사회에서 조직 문제나 계획 수립, 판결을 담당했던 장로회의는 적당량의 맥주(또는 야자

미하엘 볼게무트(1434~1519)의 〈제후의 연회〉. 〈금고지기〉 목판화 중에서. 뉘른베르크 1491년.

직업 또는 신분별 집단들은 예부터 주기적으로 또는 특별한 계기가 있을 때 공동 만찬을 개최하곤 했다. 단지 미각의 즐거움과 사교를 위해서뿐만 아니라, 그렇게 함으로써 집단 소속감과 연대감을 재차 보장하기 위해서였다. 로마의 세습귀족과 사제들은 향연으로 유명했다. 이때 상에 오르는 음식 선택과 양은 오랜 전통을 따랐고, 한편으로는 초대자의 뛰어난 기호와 부유함을 증명하는 도구였다.

와인)가 없었더라면 불가능했을 것이다. 그러나 여기서 이미 앞에서 언급했던 사실, 즉 이 음료들의 알코올 도수가 현대 유럽인에게 친숙한 와인과 맥주의 알코올 도수보다 낮았다는 점을 상기할 필요가 있다. 그러니까 흥분 효과는 위험한 한계를 넘지 않고도 효력을 발휘했다. 만취하는 일은 절대 없는 거나 마찬가지였다.

반대로, 이미 고문화에 빠져 있던 고대 페르시아인들은 굉장한 절제 노력이 필요했던 것으로 추측되며 이를 위해 의미심장한 감독 절차가 고안되었다. 헤로도토스(기원전 490~430경)는 페르시아인들이 특히 와인에 사족을 못 썼고 이런 습관이 있었다고 기록했다.

> 취한 상태에서 아주 중요한 사안을 상의한다. 그런 식으로 내린 결정을 논의가 열렸던 집의 주인이 다음날 논의한 사람들이 맨 정신일 때 다시 한 번 발표한다. 그때도 사람들이 결정에 동의하면 결의 사항을 실행하고, 동의하지 않을 경우에는 무효화한다. 또한 맨 정신에 미리 상의했던 일도 취한 상태에서 다시 한 번 검토한다.(I 133)

이런 관습에는 술 취한 상태가 엑스터시 상태와 상응하고 그런 면에서 영매와 샤먼의 경우와 유사하게 '고귀한' 신적 영감을 감각이 통과시키고 의식이 수용할 수 있게 만든다는 견해가 바탕이 되었을 것이라고 추측된다. 어쨌든 고대 동양에서 소송은 나무랄 데 없는 권위자들을 토대로 할 수 있었다. 바빌로니아의 신들도 다가오는 한 해의 운명을 결정해야 하는 새해 첫날이면 늘 천상의 연회장에 모여서 실컷 먹고 또 취할 때까지 엄청 마시곤 했고, 그런 다음에야 현안을 결정했다.

오늘날의 독자들에게는 고대 철학자들의 심포시온('향연'), 그중에서도 플라톤 학파를 유명하게 만든 심포시온이 더 친숙하다. 심포시온의 가장 오래된 증거들은 호메로스의 시대(기원전 9세기 또는 8세기)까지 거슬러 올라간다. 당시에는 조합원과 신도들의 무리가, 혹은 친구들끼리 적당한 계기(신입 회원 가입, 공직 취임식, 장례식)로 상의하려고 모였을 때 오히려 옛 풍습에 따라 다시 술을 마셨다. 이런 전통은 나중에 시인과 사상가들의 문예 모임으로 발전했다. 이런 모임에서는 우선 진미를 먹은 후에 교양 있는 대화를 나누고 음악을 즐기면서 와인에 몰두했다. 처음에는 **공동** 술잔에 마셨고 술잔을 항상 오른쪽으로 돌렸다. 앞에서 말했듯이 에트루리아인과 로마인의 연회에서는 여자들이 같이 테이블 곁에 누워 술도 마셨던 반면에 그리스에서는 여성은 심포시온에 참가하지 못했다. 단지 헤타이라(고대 그리스의 고급 매춘부를 일컫는 말-옮긴이 주)만이 예외로 그들의 어떤 이점 때문뿐만 아니라 높은 교양 때문에도 참가를 허락 받았다.

그러나 향연에서 먹고 마시고 철학만 논한 것은 아니었

다. 굳이 이름 붙이자면 기본 프로그램이 있었다. 집회 참석자들은 식사 후에 제주祭酒를 바치고 찬가를 불렀다. 이윽고 와인이 든 혼주混酒 단지(크라테르)를 가져다가 와인을 때로는 따뜻한 물, 때로는 찬 물(또는 눈)과 1 대 3이나 2 대 3의 비율로 섞어 희석하고 꿀로 달게 하고 허브로 양념했다. 리라와 피리 연주자들이 배경 음악을 연주하는 동안 단체 유희로 시간을 보내고 난센스 퀴즈와 수수께끼를 풀고 서로 재주를 선보였으며, 곡예사와 익살꾼이 흥을 돋우었다. 사전에 추첨으로 결정되었던 향응의 책임자, '심포시온의 주재자'는 모든 것이 질서 있고 통례에 맞게 진행되는지 감독해야 했다. 독창적 사상이 넘치는 대화는 아마도 지식인들의 모임에서만 보다 중요하게 여겨졌던 것 같다. 그러니까 거기서는 감각적 욕구뿐만 아니라 말하자면 깨달음에 대한 허기와 갈증도 충족되었다.

반면에 위쪽 유럽 북서부에 살던 교양 없고 무지한 야만인들, 즉 우리 게르만족 선조들의 경우에는 타키투스(55~120)의 시대까지도 만취한 채 대사를 의논하는 초기의 풍습이 지속되었다. 타키투스의 기록에 따르면 게르만족은 특히 다툼의 중재, 씨족들 간의 동맹 여부, 전쟁과 평화, 심지어 우두머리 *principes* 임명까지도 주로 주연 자리에서 논의하곤 했다. "왜냐하면 주지하다시피 마음이 그 어느 때보다 솔직한 생각에 쉽게 열리거나 고귀한 생각에 호의를 갖기 때문이다.…… 다음날 그 사안은 다시 한 번

고대의 향연 장면. 아티카의 화병 그림(크라테르). 나폴리 국립 고고학 박물관.

장엄하며 의식儀式적이었던 친구들이나 종교 조합 회원들끼리의 주연은 고대에 이미 기원전 9세기부터(특히 호메로스 시대에) 있었음이 문헌으로 입증되었다. 사람들은 중요한 현안을 논의하기 위해서 또는 순수한 사교 목적으로 모여 함께 제물을 봉헌했다. 에트루리아인과 로마인들이 여자들과 함께 마셨던 반면에 그리스에서는 남자끼리만 어울렸고, 여성 중에서는 오로지 피리 연주자들과 헤타이라들만 그들의 여흥에 낄 수 있었다. 철학자들의 심포시온은 지금도 여전히 유명한데, 여기서는 우선 쾌적한 분위기에서 포식한 후에 와인을 마시면서 피리와 리라 연주에 맞춰 철학을 논했다.

다루어지며 매 시간이 적절하게 이용된다. 그들은 자신을 꾸밀 수 없을 때 논의하고 착각할 수 없을 때 결의한다." (『게르마니아』, c. 22). 『에다』(고대 북유럽의 신화, 시가집-옮긴이 주)의 내용을 믿는다면 고대 게르만인들은 그런 종류의 집회에서 다들 하나의 커다란 공동 술잔으로 마셨다.

작가 빌헬름 하우프(1802~1827)가 중편소설 『브레멘 시청 지하 주점의 환타지』에서 낮은 둥근 천장 밑에서 이미 기분 좋게 취한 주인공이 백 년 전의 점잖은 신사들이 한밤중에 명랑하고 유쾌하게 술집에 들어서서는 탁자에 앉아 즐겁게 술을 마시기 시작하는 광경을 목격하게 했을 때, 아마 위에서 말한 타키투스의 글을 염두에 두고 있었거나 옛 이야기들에서 소재를 따왔을 것이다. 분위기는 고조되고 사람들은 추억에 잠기며 브레멘 시정부의 오래된 관습을 상기한다. "여기, 여기, 저 위 지상이 아니라" 하며 술꾼들 중 한 사람이 살짝 애수에 잠겨 주인공에게 알려준다.

여기가 그들의 시청이었고, 여기가 시정부의 홀이었소. 왜냐하면 그들은 여기서 시원한 와인을 마시면서 도시의 안녕에 대해, 이웃에 대해, 또 다른 정사를 논의하였기 때문이오. 의견이 일치되지 않으면 욕지거리를 하며 다투는 대신에 서로 씩씩하게 건배하고 마셨소. 와인이 마음을 따뜻하게 덥혀주고 혈관을 즐겁게 껑충껑충 뛰어 지나갈 때면 결정이 금방 무르익었고, 그들은 악수를 하였소. 그들은 훌륭한 와인의 애호가였기 때문에 항상 친구였으며 친구로 남았소. 그들이 한 말은 다음날 아침에도 신성했고 저녁에 지하 주점에서 합의한 내용을 지상의 법정에서 실행했소.

지금도, 그저 이름뿐인 경우가 많지만, 아직 곳곳에 남아있는 시청 지하 주점은 그 위치 때문에라도 확실히 항상 철저하고 '점잖은' 손님 접대를 보증했다. 그러나 도시란 시청 외에도 명사들의 저택과 그보다 간소한 시민들의 집, 그리고 계속해서 변두리 쪽으로 가면 수수하고 초라하기까지 한 오두막으로 형성되어 있기 때문에 어느 도시에나 별 볼일 없어 보이는 여인숙과 주점들도 있었는데, 그런 곳은 접대가 간소하고 소홀했으며 조야하기 십상이었다. 그런 업소에서는 마을에서도 상에 오르는 음식을 제공했던 반면에 맥주와 와인은 적어도 돈을 낼 능력이 있는 사람에게는 더 풍부했다. 손님들은 주로 값싼 숙소와 저녁의 여흥거리를 찾는 상인과 유랑배우들이었다. 사람들은 노름을 하고 '갈증을 채우고도 남을 정도로' 마셨고, 창녀들의 봉사를 찾고 취한 상태에서 싸움에 말려들었는데 '큰 피해 없이 빠져나오고' 다음날 아침에 깨어나 돈이 고스란히 남아있는 것을 확인하면 그나마 운이 좋은 것이었다. 그런 분위기가 도둑질을 유발하고 온갖 종류의 건달들이 들끓게 만들었기 때문이다. 음식점들은 소문이 좋지 않았다. 외진 곳에 위치한 음식점은 '강도 소굴'이라고 소문이 났다. 점잖은 시민들은 그런 음식점들을, 작가 빌헬름 부쉬가 의심했듯이, '밤마다 악당이 흥청거리는' 악습의 온상으로 보았다. 찰스 디킨스가 쓴 소설들에는 런던 부둣가에 위치한 그런 술집들의 비참함과 기괴함의

암울한 예가 몇 군데 등장한다.

엄밀히 말해서 바로 그런 곳에서 가장 오래된 형태의 **공공연한** '손님 접대'가 계속되었다. 고대에 이미 대부분 번창하는 장터로 발달했던 장거리 무역로 교차점들에 개인이 운영하는 주막들이 세워졌다. 이런 주막들은 곧 수상쩍은 평판을 자랑했다. 그곳에서 상인들은 음식과 숙소 외에도 항상 여흥과 고단한 여행길의 휴식도 찾았다. 그래서 그들에게 친절을 베풀고 싶어 하고 도덕적으로 별로 거리낌이 없는 이들이 많이 찾아왔다. 송나라(960~1126) 때 중국의 주점들은 손님에게 전국 방방곡곡의 요리뿐만 아니라 데리고 놀 여자 노예도 제공했다. 사교계의 신사들도 즐겨 찾아와 함께 고급 요리를 먹고 마시며 품위 있는 사교를 즐기고 수준 높은 호강을 누렸던 여관 겸 유곽도 있었다.

그런 공개적인 유흥업소의 안전은 국가 감독당국의 신뢰도에 달려 있었다. 질서 잡힌 제도를 갖춘 국가에서는 당국이 고수익을 올리는 교역이 되도록 아무 방해 없이 번성하는 데에 특히 신경을 썼다. 그런 맥락에서 주막들은—시장 역시—엄격한 감독을 받았다. 이슬람의 번성기인 압바스 왕조(750~1258) 때 대리상들은 수많은 대상隊商 숙박소에서 안전하고 편안하게 묵을 수 있었다. 상인들은 저녁에 바닥보다 높은 단 위의 불가에 진을 쳤고, 음식을 먹고 페르시아나 지중해산 와인을 마시고 은은한 음악에 귀를 기울이고 전문적인 이야기꾼의 이야기를 들으면서 시간을 보냈다. 『천일야화』는 대부분 이런 배경에서 탄생했다. 무엇보다도 몽골제국처럼 커다란 중세 유목민 제국의 지배자들은 교역로와 (오아시스 도시들에 있는) 시장의 엄격한 감독을 특히 중요하게 생각했다. 그런 국가는 전리품과 피정복자들이 내는 세금 외에 주로 교역에서 수입을 올렸기 때문이다. 몽골족은 중국으로부터 중앙아시아를 거쳐 유럽 및 동지중해권의 이슬람 국가들에 이르기까지 다수 민족을 지배했기 때문에 교역의 평화는—유교, 도교, 불교, 기독교 및 이슬람교 교도들 간에—종교의 평화도 포함했으며, 이런 평화의 수호는 공공연한 정책적 목표의 일부였다. 칭기즈칸(1155~1227)의 손자인 몽케(재위 1251~1259)의 통치기간에 몽골제국은 최대 규모로 확장되고 최고 전성기를 누렸는데, 그의 휘하에서 역사상 처음으로 목숨을 걱정하거나 지나치게 큰 불편을 감수하지 않고도 러시아에서 동남아시아 국가들까지, 크림반도에서 고려까지 여행하는 것이 가능했다. '팍스 타타리카*Pax tatarica*'를 보장하기 위해 몽골인들은 도처에 안전한 교통로를 건설하고 바위 덩어리를 뚫어 길을 트고 수많은 다리를 짓고 좁은 길을 넓혔고, 약 200킬로미터마다 최고 400마리의 말과 여행자를 위해 가능한 모든 편의시설을 갖춘 역참을 10,000개소 이상 지었다. 강도짓과 습격은 옛말이 되어버렸다. 어디에나 도로 수비대와 환적장,

시장이 대기하고 있었다. 여행길은 매우 안전해져서 어떤 동시대 사람의 증언처럼 '머리에 금 덩어리를 인 처녀가 무사히 전 제국을 돌아다닐 수 있을' 정도였다. 그러나 몽골은 역사상 드문 예외였다. 몽골제국이 멸망하고 정세가 점차 불안해지자 유럽 대리상들은 바닷길을 이용하기 시작했다. '지리적 발견의 시대'가 시작되었다.

사람들은 위험 때문에 가능하면 공공 숙박업소를 피하고 거래처 상인 집에 묵었다. 많은 경우에 그런 종류의 협력 관계는 이미 몇 세대 전부터 존재해 왔다. 그 초기 형태는 부분적으로는 역사를 한참 거슬러 올라간다. 지리적 조건 때문에 전통적으로 원거리 무역이 성행했던 지역들, 예를 들어 상업적이면서 의례적인 폭넓은 교역 제도로 유명했던 멜라네시아 군도에서는 일찍부터 제도화된 협력을 통하여 상호 관계를 가능한 위험에서 벗어나게 할 필요성을 깨달았던 것 같다. 뉴기니에도 그런 종류의 단골 손님 환대 전통이 있었다. 여기서는—대개 몇 세대 전부터—양쪽의 아들들을 열세 살에서 열다섯 살 사이에 일정 기간 동안 상대 가족에게 보내어 그곳의 언어와 생활 방식을 익히게 하는 풍습이 있었다. 거래처 상인들은 나중에 서로 방문할 때면 언제든지 **거의 가족과 같은** 애착 덕분에 손님의 보호와 권리를 보장받았다. 서로가 속한 집단 간에 분쟁이 있을 경우에 그들은 면책특권을 누렸고 중재자로 활약했다. 고대 그리스와 로마에도 유사한 제도가 있었다. 그곳에서는 '프록세니아*Proxenia*', 즉 '손님 환대'란 명칭을 달고 있었다. 부유한 상인들은 거래처 상인들을 위해 따로 방을 준비해 두었고, 일부는 별도의 숙소까지 마련해 두었다. 그들은 같이 식사함으로써 무조건 서로를 신뢰할 수 있었다.

친구들끼리는 보다 편안하게 밥을 먹었다. 요즘에는 음식점들이 안전해졌기 때문에 손님을 식당에서 대접해도 가족의 손님 환대 정신에 해가 가지 않는다. '테이블 하나를 예약'하거나—세례식, 생일파티, 결혼식, 장례식 때—홀 하나를 통째로 빌려서 비록 너무 비좁아진 집 밖으로 나오긴 했어도 여전히 자기들끼리 어울린다. 이럴 때는 대개 돈을 아끼지 않는다. 옛날 선조들이 그랬듯이 진수성찬을 먹고 마시며, 그럼으로써 재차 결속을 확인한다.

8. 소박한 가정식

'낯선 사람이 요리한 것은 절대 먹지 마라!'

"집에서 먹는 밥이 항상 제일 맛있어."라고 세상 사람들은 말하고, 우리는 깊이 생각해 볼 필요 없이 그 말에 동의한다. 우리는 어릴 때부터 어머니가 차려준 음식에 익숙해져 있다. 식탁에서의 매너나 우리가 '학습한' 다른 것과 마찬가지로 우리의 미감은 특유한 방식으로 **각인**되었다. 미각은 우리가 자신과 **동일시하는** 가족의 전통, 또는 집단 전통의 확고한 구성요소이다. 어릴 때 학교 친구 집에 초대받아 낯선 음식을 대접받으면 약간의 불쾌감을 느끼지만 훌륭한 예절을 발휘하여 맛있게 먹는 척한다. 어른들은 초대한 여주인에게 (그녀가 손수 요리했을 때) 정중한 찬사를 늘어놓곤 한다. 그러려면 예의가 필요하다.

사실 입에 딱 맞는 것은 '맛있는 옛날 가정식 요리'뿐이다. 물론 전통이 형성되고 보존될 수 있었던 '단란한' 가정에서 자란 경우에만. 그런 가정이 많지 않은 오늘날, 깨인 광고에 의해 조심스럽게 불붙어, 어머니, 심지어 '할머니가 해준 음식'에 대한 향수 어린 그리움이 퍼져나가는 것도 다 그럴 만한 이유가 있다. 이것은 생각 없이 먹는 사람이 의식하는 것보다 더 깊이 뿌리박혀 있다. 목구멍은 정체성의 일부이다. 목구멍의 감각, 즉 '미각'은 도덕 규범이나 관습, 주거 문화, 신앙과 마찬가지로 민족 중심적 이데올로기 혹은 더 일반적으로 우리 중심적 이데올로기의 요소이다. 자신의 관습은 합리화되고 정당화되며 소중히 간직하고 지켜야 할 귀중한 자산으로 이해된다. 식사의 즐거움에 관한 사상적 깊이가 있고 유머러스한 이론 『미각의 생리학 Physiologie du goût』으로 유명한 프랑스 작가 앙텔므 브리야 사바랭(1755~1826)의 "당신이 무엇을 먹는지 말해주면 나는 당신이 어떤 사람인지 말해주겠다."는 명언은 어느 정도 일리가 있다. 먹는 음식에 그 사람의 **참모습**이 있다. 적어도 집단의 경계를 뚫기 힘들었던 옛날 수렵채집문화의 구성원이나 아프리카 우림이나 뉴기니 고원에 사는 농부, 유럽의 시골이나 궁정에 사는 사람, 군인이나 인도 카스트 제도의 일원이 각각 아주 판이한 음식을 먹었던 때에는 그러했다. 입에 단 것이 위에 좋아 보였다. 그것이 관습에 맞았고, 모든 부분에서 신봉했던 고유 문화의 일부였기 때문이다.

결국 조상들만 우리와 똑같은 음식을 먹었던 것은 아니기 때문이다. 따지고 보면 익숙한 고향의 먹거리는 저 옛날 최초의 조상들에게 그 먹거리를 획득, 조리하는 법을 가르쳐준 신들과 문화영웅(주로 원시사회의 신화에 나오는 초인적 존재로 인간사회에 여러 문화요소나 사회 제도를 가져다주는 일을 맡는다-옮긴이 주)들에게서 유래하였다. 그렇기 때문에 주식과 가장 오래되었다고 추측되는 음식들, 이를테면 렌즈콩 스튜나 죽에는 항상 특별하고 고귀한 **종교적 가치**가 부여되었다. 이런 먹거리는 생일잔치이건 결혼식이건 장례식이건 제식이건, 모든 종교의식용 음식과 축제 음식의 고정 성분이었다. 동남아시아에서는 쌀이나 간단한 쌀 요리가 그러했고, 미국 남서부의 푸에블로 인디언에게는 옥수수가 모든 의식용 음식에 꼭 들어가는 기본재료였다. 고대 지중해 지역 농촌 음식의 기본 요소도 바로 그런 식으로 오늘날까지 기독교의 예배의식에 살아남아 있다. 바로 성찬식의 빵과 와인, 세례, 견진성사, 서품식 및 임종('종부성사')시 은총의 수단으로 쓰는 올리브유가 그것들이다.

신들이 우리에게 전해준 음식은 나쁠 수도 없고 건강에 해로울 수도 없다. 전통 사회에서는 예부터 전해온 고유의 먹거리만이 **올바로** 영양을 주고 배가 부르고 건강에 좋다는 확신이 널리 퍼져 있었다. 애리조나의 건조 지대에서 아주 근근이 생계를 이어가는 파파고족의 한 노파는 미국 민족학자 루스 언더힐에게 이렇게 단언했다. "신은 당신들 백인들에게 밀과 복숭아와 와인을 주셨지요. 우리에게는 씨를 틔우는 야생초와 열매를 맺는 선인장을 주셨다오. 훌륭한 식량이지요." 나이지리아의 시골에서는 아직도 매일 일정한 양의 **푸푸**를 먹지 않으면 영양실조에 걸릴 위험이 있다고 생각한다. 예멘의 농부들은 매일 기장죽을 먹지 않으면 일을 못하게 된다고 믿는다. 수단 공화국의 나일강 최상류에서 주로 가축 사육으로 먹고사는 누에르족은 동물 젖에 주요 영양분이 들어있다고 생각한다. 그들의 신념에 따르면 젖을 듬뿍 넣지 않은 기장 같은 농산물은 한마디로 아이에게는 소화가 안 되고 어른에게는 맛이 없다. 그리고 재래의 먹거리가 신들의 선물이고, 그런 의미에서 이미 고도의 생명력을 지니고 있기 때문에 가능하면 계속 고수한다. 문헌을 바탕으로 과거로 거슬러 올라갈 수 있는 지역들, 예를 들어 이란이나 인도 일부, 멕시코에서 몇몇 농촌 음식은 천 년 넘게 거의 변함없이 유지되어 왔다.

비록 집은 달라도 날마다 똑같은 음식을 먹는 사람들은 모두 결속되어 있다. 그들은 단 하나의 초가족적인 식탁 공동체를 형성한다. 음식으로 하나가 된다는 것은 곧 정체성 이데올로기의 기준에 따라 상이한 식습관을 가진, 다시 말해 **다른** 집단에 속하는 사람들을 배척한다는 것을 의미한다. 자기들의 음식, 특히 **아주 옛날부터 전해져온** 식품에 이방인들은 손도 입도 대지 말아야 했다. 심지어 동아프리카의 유목민인 히마족의 경우에 자기가 소유한 가축의 젖은 근친, 다시 말해서 **아버지쪽**(부계) 친척만이 마실 수 있었다. 다른 사람은 누구도 손대지 못했다. 에티오피아의 바카족은 이방인이 자신들의 맥주 단지를, 뚜껑을 여는 것은 물론이고, 일체 못 건드리게 주의했다. 위계 사회에서는 사회 내부적으로도 개별 사회집단, 카스트 및 신분 간에 이와 비슷한 기피 규정이 존재했다. 고위 인사들은 일반적으로 특정한 예외적 사례, 이를테면 공적을 표창할 때를 제외하고는 신분이 낮은 사람들과 같이 식사하지 않았다. 이미 말했듯이 옛날에는 때때로 신들이 평범한 시골사람들을 찾아가 그들을 시험했다. 동화 속 이야기에서는 길을 잃거나 궁지에 빠진 왕들이 농부들에게 잠자리와 보호를 청하고 농부가 대접하는 빈약한 음식을 감사히 받아먹는다. 두 경우에 모두 얼마 후에 인정 많은 집 주인에게 뜻밖의 축복이 내려진다. 금기를 깨뜨리는 것은 오로지 '위에서부터 아래로'만 허용된다. 그럴 경우에 이는 자비의 증거이며 선을 가져온다. 만약 낮은 계층의 사람이 오만하게 귀족의 영지나 왕의 궁전에 당당하게 찾아가서 식탁에 앉는다면 죽음까지는 아니더라도 감옥에 갈 각오를 해야 할 것이다.

반면에 가까운 친척과 동등한 위치의 사람들 사이에서는 식사 공동체에서의 제외가 명백한 '업신여김'이며 일부러 처벌수단으로 이용될 때도 많다. 심한 위반을 저지른 자는 파문될 수 있었다. 다시 말해 '법률의 보호 밖에 놓인 자'로 선언될 수 있었다. 그러면 아무도 그 사람을 상대해서는 안 되었고, 하물며 손님으로 청해서는 더더욱 안 되었다. 징역형을 선고받은 자들에게는 구조적으로 이와 똑같은 운명이 닥쳤다. 사회는 그들을 분리하고 '가둬버렸다'. 사회는 그들에게 곰팡이가 낀 흑빵과 물만 허용했다. 요즘도 여전히 어떤 가정에서는 아이가 말을 듣지 않으면 한동안 방으로 쫓아버리는, 다시 말해 가족의 식사 공동체에서 제외시키는 벌을 내린다. 권력이 있는 자는 그런 식의 굴욕을 받으면 복수한다. 예를 들어 찔레꽃 공주의 세례식 때 황금 식기가 모자라서 열세 번째 요정을 초대하지 않자 요정은 몹시 기분이 나빴다. 요정은 심한 모욕감을 느껴 왕실 전체를 비롯해 신하들, 가축들, 그 밖에 왕궁에 살던 모든 것에게 그 유명한 저주를 내렸다. 심지어 파리들에게까지.

다른 한편으로 평소에는 엄격히 기피하는, 친척이 아닌 사람이나 이방인들과의 공동 식사는 그만큼 더 강력한 결합제였기에 이미 말했듯이 단기적으로 손님을 맞이하거나 장기적으로 혈맹과 평화를 맺을 때 의식적으로 이용했다. 그런데 이 효과적인 방법은 신랑신부뿐만 아니라, 이와 더불어 그들이 속한 씨족을 지속적으로 상호 결합시켜 주는 혼인 때 가장 자주 이용되었다. 이 방법은 특히 사람들이 이미 준비 단계부터 시작해서 여러 번 같이 식사를 한 점뿐만 아니라 **고유의 음식**을 상에 올렸다는 점, 무엇보다도 당연히 피로연 때 그렇게 했다는 점에서 명백하게 표현되었다. 예를 들어 히마족의 경우에 신랑신부는 결혼식이 끝나고 각자 배우자 가족의 우유를 마셨다. 그들은 마치 혈맹자들이 피를 나누듯이 서로의 '불로장생의 영약'을 교환했고, 그럼으로써 별개의 두 친족이 **하나의** 친족으로 융합하였다. 이렇게 '혼인으로 친척 관계를 맺게 된' 인척들은 그 후에, 육친(肉親)들이 서로 그러하듯 일련의 상호 의무를 통해 그러니까 좁은 범위의 호혜를 통해 밀접하게 결합되어 있었다.

낯선 음식은 전통 사회에서 일반적으로 불쾌감, 아니 혐오를 유발했다. 다른 문화, 다시 말해 자신의 문화에 비해 퇴보했거나 '엉망인' 문화를 소유한 자라면 음식 역시 오래되었을 리 만무했다. 그런 음식을 먹으면 타인의 '야만적' 특성도 따라서 전염된다고 가정했던 게 분명하다. 따라서 자신의 냄비나 가까운 친척의 냄비에서 나오지 않은 음식은 기본적으로 불신할 필요가 있었고, 최소한 조심은 해야 했다. 그런 음식은 질이 낮고 소화가 힘들다고 여겨졌을 뿐만 아니라 맛도 없었다. 특히 아예 못 먹는 거라고 여길 때가 많았다. 말라카 반도(말레이시아)의 남부에 아직 잔존하며 주로 채집으로 먹고살고 부분적으로 수렵도 하는 바텍 데족은 이웃에 사는 말레이인의 재배작물을 무척 혐오한다. 중앙아프리카 카사이강 중류에 사는 렐레족은 이웃들, 특히 은쿠투족과 거래를 하긴 하지만 가능하면 그들에게 너무 가까이 가지 않으려고 조심한다. 렐레족은 영국의 민족학자인 메리 더글러스에게 은쿠투족이 위생상태가 매우 나쁘고 단정한 사람들의 관습에 어긋나게 시어머니, 장모와 적절한 거리를 두지 않으며 여자들의 옷차림이 끔찍하고 음식이 한마디로 역겹다는 말로 그 이유를 설명했다.

그 결과 적어도 처음에는 신종 식량을 도입하려는 시도들이 빈번히 격렬한 저항에 부딪혔다. 라이베리아의 크펠레족은 전래대로 언덕진 곳에서 건생 벼농사를 짓다가 수확량이 훨씬 많은 저지 습생 벼농사로 전환하기를 오랫동안 거부했다. 그들은 습생 쌀이 맛과 질이 떨어진다고 고집스레 주장했다. 가나 북부에 사는 쿠사시족은 음식을 굽고 수프를 끓일 때 예부터 통상 그래왔듯이 시어버터나무*Butyrospermum paradoxum*의 열매 씨에서 얻은 시어버터의 사용을 선호한다. 주변 어디에서나 대량으로 재배되는 땅콩에서 기름을 추출하는 법을 아마 모르는 모양이다.

이웃을 보고 그 방법을 쉽게 알아낼 수 있었을 텐데도 말이다. 잠비아의 일라족에게 바나나*Musa sapientum*가 도입되었을 때 주민들은 처음에 건강을 해치는 힘이 들어있다고 믿어서 바나나를 거부했다. 어떤 지역에서는 조상의 역정을 불러일으킬 수 있다는 이유로 외지 산물을 부엌에 들여놓지 않는다. 그런 이유로 라오스 북부의 라메트족은 피망을 집 밖에서만 음식에 집어넣을 수 있다.

그럼에도 불구하고 경솔하게도 낯선 음식을 맛보는 자는 먹고 나서도 마치 **아무것**도 먹지 않은 것 같기 때문에 그저 실망만 하거나 아니면 위가 철저히 탈이 날 위험, 경우에 따라 영구적으로 상할 위험까지 무릅쓸 수 있다. 예를 들어 고구마와 옥수수 요리에 대해 가나의 탈렌시족은 위가 탈 날 것이라고 확신했던 반면에 잠비아의 벰바족은 이 요리를 먹은 후에는 아무것도—적어도 영양을 공급하고 배부르게 하는 제대로 된 음식은 아무것도—먹지 않은 것이나 마찬가지라는 견해가 오랫동안 지속되었다.

사람들은 언제나 외래 음식이 오염을 유발하고, 그 결과 때때로 더 고약한 것, 이를테면 건강의 이상이나 질병, 심지어 죽음까지 야기한다고 확신한다. 익히 알려졌다시피 독실한 힌두교도들은 자기가 속한 카스트 외에 다른 카스트의 음식과 음료는 먹지 않으려고 하고, 냄비와 접시에조차 손을 대지 않으려고 극도로 주의한다. 다른 카스트의 사람들과 어쩔 수 없이 같은 호리병이나 병으로

소박한 가정식 151

마셔야 할 상황에 처하면 병을 높이 쳐들고 입을 벌린 채 음료수를 위에서 붓는다. 토착민 사회는—초기에는 훨씬 드물었던—백인의 방문을 받으면 이와 비슷하게 당황했다. 무엇보다도 이방인들의 식기로 먹지 않으려고 애썼다. 어쩔 수 없이 이방인의 접시와 잔을 같이 써야 했던 경우에는, 멕시코의 타라후마라족처럼, 쓰고 난 후에 꼭 입을 철저히 헹구어내고 손을 씻어서 적어도 외적 오염만이라도 없애고자 했다.

꼭 직접적 접촉만 나쁜 것은 아니었다. 흔히 이방인의 시선이, 심지어 뉴기니 고원에 사는 부족들의 경우처럼 배우자 쪽 친척의 그림자—일종의 배설물로 여겼다—가 음식에 와 닿기만 해도 그 음식을 가족이 먹을 수 없게 되었다. 그 음식은 상한 것으로 간주했다. 외래 음식은 설령—우리의 상식으로는—'객관적으로' 소화 가능하다 하더라도 **문화적으로** 섭취 부적격 판결을 받았다고 말할 수 있을 것이다.

사회의 종교적 구세주인 사제와 왕들은 항상 이런 관습을 특히 엄격하게 지켜야 했다. 그런 까닭에 왕들은 철저히 분리된 채 식사를 하곤 했다. 자국에서 재배되거나 채집되었고 측근에 의해 전통적 방법으로, 또 흔히 통제된 조건에서 조리되지 않은 음식은 어떤 것도 왕의 식탁에 올라서는 안 되었다. 오늘날에도 타직족의 여자 샤먼들은 오로지 자기 부엌에서 조리한 음식만을 먹고 항상 개인 식기

(찻잔, 식사용 그릇, 숟가락)만을 사용하는 것을 중시한다. 그들은 어떤 경우에도 '시장 음식'을 먹지 않을 것이다.

여행을 떠나는 사람은 낯선 이들로부터 음식을 얻어먹어야 하는 곤란을 겪지 않으려고 집에서 비상식량을 충분히 준비해갔다. 사람들은 어떻게 해서든 피할 수만 있으면 집 밖에서 끼니를 때우지 않았다. 이런 맥락에서 여관에 원래부터 따라다녔던 나쁜 평판이 이해가 된다. 굳이 필요하지 않으면 여관을 찾아가거나 드나들지 않았다. 가나의 곤자족이 지키는 '낯선 사람이 요리한 것은 절대 먹지 마라!'는 원칙이 일반적으로 통용되었다.

이제는 사정이 많이 달라졌다. 사람들은 자주 집 밖에서 먹고 더군다나 동행을 바꿔가며 먹는다. 식당으로의 초대는 우정 어린 연대감의 표시이고 새 관계의 형성에 도움이 되며 고마움의 표시이거나 이따금 부상副賞이기도 하다. 공동 식사가 갖는 원래의 사회적 의미는 사회 변화에 발맞춰 어느 정도 '분리 독립 과정'에 처해 있다. 생활 영역과 노동 영역의 유연화에 영향을 받는다. 부모의 근무시간을 서로 맞추기란 매우 힘들고, 또 아이들의 유치원과 학교가 정하는 일정과 일치시키기도 그만큼 어렵다. 어떤 조사 결과를 보면 독일에서 전체 가정의 절반이 매주 단 한 번만—대개 일요일에—함께 식사한다고 한다. 매일 식사를 같이 하는 가정은 15가구 중 한 가구에 불과하다. 그중 3분의 1은 저녁식사 때만 모인다. 이로써 가정의 식탁 공동체는 수천 년 된 통합 결속 기능을 상당 부분 상실한 것처럼 보인다. 점증하는 개인화와 변화무쌍한 관계를 추구하는 마음에 유리하게 가는 것이다.

그래도 옛 관습이 조금 남아있긴 하다. 가령 우리는 식당에서 모르는 사람들과 같은 테이블에 앉아서 함께 식사해야 하는 것을 다소 불쾌하게 여긴다. 서로 대화를 나누는 일은 거의 없다. 혼자이든 일행이 있든 어떻게든지 가능하면 단독 테이블을 찾는다. 만약 모르는 사람이 접시를 내밀면서 남은 음식을 먹으라고 상냥하게 권한다면 대단히 어리둥절해 할 것이다. 군복무자나 '본격적인' 야영 생활을 하는 모험 여행의 참가자들이 보고하듯이, 어쩔 수 없이 서로 출신이 다른 아이들이나 어른들이 음식을 나눠먹어야 할 경우, 아니 심지어 식기—접시, 컵, 숟가락—마저 나눠 써야 할 경우 역시 불쾌감, 나아가 반감이 생길 것이다. '술기운에 흥겨운' 모임에서 맥주잔이 돌 때도 누구나 비슷한 감정을 느끼지 않을까. 그럴 때면 거의 모든 사람이 앞서 마신 사람이 입 댄 자리에 입을 대지 않으려고 남몰래 애를 쓴다. 감염될까봐, 아니면 '더럽혀'질까봐 두려워한다. 반면에 가족 내에서는, 즉 '동류'끼리는 같은 잔으로 돌려 마시는 것이 당연히 더 쉬울 것이다.

9. 식탁과 침대

섹스에 담긴 식음의 상징적 의미

함께 식사하는 사람들을 보면 일행이라는 추측이 든다. 옷을 잘 차려입었으면 특별한 일을 기리기 위한 식사라고 생각한다. 어두운 색 옷이 주를 이루면 장례 모임일 것이라고 미루어 짐작한다. 모임 규모가 크면 죽은 사람이—친족 내에서나 사회적으로—지위가 높았을 것이라고 가정할 법하다. 그래서 많은 이들이 상실감에 충격을 받았을 것이라고 말이다. 푸짐하게 차려진 테이블은 상가喪家가 부유하다는 증거다.

한 사회의 문화는 그 안에서 각 요소—일용품, 가재도구, 제도, 규범 또는 규칙—가 주어진 상황에서 각자의 위치를 바탕으로 특별한 의미를 갖는 상징체계, 표현법 또는 신호언어이다. 마치 어떤 진술이나 지시, 이야기에서 중심이 되는 맥락, 즉 '의미론적 영역'에서 한 단어나 문장이 그런 것처럼 말이다. 두 경우에 모두 '신호'의 배치, 변형된 결합은 구문론이나 전통이 규정하는 특별한 규칙을 따른다.

모든 문화가 사회적 조직이나 표상 형성에 있어 일군의 보편적 합의들을 기초로 삼듯, 모든 언어는 특정한 구문론적 기본 특징, 문법적 '심층구조'를 공통으로 가지고 있다. 따라서 이런 근본적인 공통점에서 출발해야만 외국어를 습득할 수 있고 낯선 문화의 이해를 위한 실마리를 찾을 수 있다. 그러나 언어와 문화를 올바로 이해하려면 한 단어, 일용품, 문장 형태, 제도 또는 의식이 갖는 문화 특유의 의미를 그 자체로서만, 다시 말해 기존의 기호나 상징체계 내에서만이 아니라 이것들이 발생하는 현재의 상황, 즉 '맥락' 안에서도 정확히 알아야 한다. 그런데 맥락은 말이나 몸짓이 향하는 수신자, 행동이나 의식, 제물 봉헌의 대상으로 정해진 수신자에 따라 달라진다. 시간과 장소 선택, 행동, 언어가 바뀜으로써 의미 내용, 다시 말해서 표현된 것의 **정보 내용**이 바뀐다. 독일에서는 조문객들이 적절한 옷차림으로 장례식이 끝난 후에 함께 식사

함으로써 망자가 매장된 이후에도 망자에게는 결속을, 유가족에게는 따뜻한 관심과 연대감을 표한다. 전통 사회에서라면 '장례 잔치'가 언제나 이행 의식의 최후 단계를 의미했을 텐데, 이 단계의 임무는 망자의 가까운 친척들이 마치 망자처럼 최후에 새 생명으로 부활하려고 공동체를 위해 사멸하고 죽은 척 했던(은둔에 들어가고, 말을 안 하고 먹지 않는 등) 추도기간이 지난 후에 이제 다 함께 식사함으로써 사회에 **재통합**되는 것이다. 문화에 따라 추도 형태, 의상, 화장化粧의 종류, 마지막으로 조문객의 식사에 나올 음식 구성이 달라질 것이다. 다시 말해 상이하거나 변경된 의미를 가질 것이다. 수신자는 가족과 친척 조문단뿐만 아니라 조상도 되고, 죽은 사람이 고위층이었던 경우에는—신들에게 뭔가 봉헌할 때 한해서—아마 신들도 될 것이다.

동물은 불도 냄비도 사용하지 않는다. 식사 모임이 뭔지도 모르고 동화에서가 아니라면 술 마실 때 서로 건배도 하지 않는다. 동물은 '처먹는다'. 다시 말해 먹이를 날로 급하게 삼키거나 남과 나눠먹지 않으려고 딴 데로 끌고 간다. 반면에 인간은 노획하거나 경작한 것을 남에게 나눠준다. 인간은 음식을 정성스레 조리하고 자연을 **문화**로 바꾸며 **예의**를 차려 먹는다. 그럼으로써 서로—그리고 자녀들에게—누차 알리는 가장 보편적인 메시지는 바로 이것이다. '우리는—일반적인 자민족 중심의 자기이

식탁과 침대 157

해에 따르면 자신이 속하는 집단의 구성원들은—짐승이 아니라 사람이다. 우리는 문화영웅들로부터 받아들이고 선조로부터 배운 일정한 규칙에 따라서 **교양 있게** 음식을 먹는다.' 잠비아 북동부의 뱀바족은 덤불에 사는 동물처럼 보이지 않으려고 식물성 식품조차도 절대 날로 먹지 않았다. 그들은 식물성 먹거리를 우선 볕에 말렸다. 그런데 그럼으로써 식품의 비타민 C 성분을 **빼앗겼다**.

인간은 음식물을 섭취할 때도 특히 어떤 계기, 또는 어떤 신분인가에 따라 구별한다. 자신의 문화를 함께 철저히 씹고 자손에게 본을 보이는 것이다. 지위가 높은 사람, 이를테면 가족과 집단의 수장, 귀족과 왕들은 더 낫고 풍성한 음식을 먹을 권리가 있었다. 예를 들어 아랍 국가들에서는 가금류와 염소 고기로 속을 채운 낙타 구이를, 고대 하와이인들의 경우에는 개고기를, 유럽에서는 야생동물 고기와 꿩고기를 먹을 권리가 있었다. 또한 밀은 고대 로마와 중세 유럽에서—인도의 일부 지역에서는 지금도 여전히—보리, 스펠트밀, 에머밀, 귀리, 호밀, 기장에 비해 고급 곡물로 여겨졌다. 그만큼 고위 인사들만이 '흰빵'을 먹을 수 있었고—그리고 먹어도 되었고—반면에 하층민들은 싸고 질이 낮은 거무스름한 곡물들로 만든 빵, 즉 '흑빵'으로 만족해야 했다. 그런 곡물들 중 몇 가지는 동물 사료로도 사용되었다. 중세 때 채소류로는, 방금 말한 사료용 곡물을 제외하고, 야생식물과 채집 과실, 주로 양배추가, 대략 14세기부터는 메밀(마디풀류로 곡물이 아니다!)뿐 아니라 말 그대로 '풀과 무'가 농부와 가난한 사람들의 몫이었다. 실제로 모든 문화에서 고기 요리는 가부장과 최연장자, 상류층 사람들이 특권을 누리는 음식에 속했다. 프랑크족 귀족층의 방종한 비계 고기 축제에 대해서는 이미 앞에서 말한 바 있다. 당시에 농부들은 어쩌다 한 번 가금류나 소금에 절인 고기를 먹을 수 있을 뿐이었다. 50개가 넘는 나라에서 실시된 조사 결과를 보면 오늘날에도 여전히 고소득층의 동물성 지방, 단백질, 칼로리 섭취량이 저소득층보다 월등히 많다. 마다가스카르에서는 차이가 12배나 되고, 미국에서도 25퍼센트는 된다. 이러나저러나 고기는 별미이기 때문에 나이지리아에서는 식사가 끝나갈 무렵, 말하자면 클라이맥스에 고기를 내놓는다.

모든 문화의 가정에서는 남자들, 주로 최연장자와 가부장에게 고기 요리에 대한 특권이 주어졌는데, 유럽 일부에서는 20세기 중반까지도 특히 궁핍기에 그런 전통이 계속되었다. '진짜' 사나이는 고기가 **필요하고**, 고기는 남자의 본질적인 필요에 부합했다. 남성은 여성보다 지위가 높았는데, 성별 때문에 그랬다기보다는 오히려 예부터 남자가 집과 농장, 경작지의 소유자였고 따라서 '주인'이었으며 '원주민'으로서 지방의 전통과 사회 규범, 제식과 문화 일체를 보존할 책임을 졌기 때문이다. 여자들은 주로 통용되었던 족외혼 계율 때문에 혼인으로 가족의 일원이 되었고 어떤 면에서는 '외지인'이었다. 그런 이유로 혼례식이 치러졌는데, 혼례식의 핵심은 입양 의식과 일치하였고 여성을 준準 친척으로 바꿔주는 것이었다. 혼전에 처녀 총각이 성별로 특징적인, 그러니까 **상징을 지닌** 음식물을 상대에게 제공하는 방법으로 청혼할 수 있었다. 예를 들어 뉴기니의 고원에서, 또 동아프리카 니아키우사족 마을에서는 여자가 바타테(고구마, *Ipomoea batatas*)나 플란테(바나나, *Musa paradisiaca*)를 건넸다. 폴란드에서는 총각이 건넨 화주를 처녀가 마시면 결혼에 동의한다는 의미였다. 동의하지 않으면 잔을 거부했다. 손님 초대 의식이나 평화 체결 때처럼 신랑신부는 결혼식의 절정에 함께 식사함으로써 혼인을 확인했다.

부부가 된 후에는, 이미 앞에서 언급했듯이, 항상 따로 식사했고 유럽 일부와 러시아에서는 17세기까지도 그런 관습이 계속되었다. 가능하면 식사 때 서로 쳐다보지도 말아야 했다―모르는 사람들처럼. 그저 아주 가끔 정말 가까운 식구끼리 있고 외부인이 전혀 없거나 별로 형식을 따질 필요가 없을 때만 부부가 함께 식사했다. 규칙은 다음과 같은 명백한 원칙을 따랐다. 같이 식사하는 사람―그러니까 혈통이 같은 사람이나 '근친', 즉 남자들 및 일반적으로 같은 씨족, 집단의 일원들―하고는 결혼하지 않거나 성관계를 갖지 않는다. 마찬가지로 결혼 상대가 될 수도 있는 사람들(배우자의 형제자매 등과 이족 집단의 처녀 총각들)이나 자신의 배우자, 즉 성관계의 상대가 되거나 될 수 있는 사람하고는 같이 식사하는 것을 기피했다.

그럼에도 부부 사이에는 지극히 밀접한 관계가 존재했는데, 그 관계는 형제나 부자 사이만큼 가깝지는 않을지라도 그만큼 더 기본적이었고 집단의 생존을 위해서는 사실상 훨씬 더 중요했다. 부부는 가족, (남자의) 친족, 그리고 사회를 '번식시켰다'. 사람들은 그것을 **상호** 의무로 이해했고 **상징적으로** 상호간의 '영양 공급'이라고 표현했다. 즉 가족의 식량 비축을 책임지는 아내는 남편에게 되도록 좋은 음식을 많이 공급했고, 반면에 남편은—생명력을 잔뜩 함유한—정액을 통해 아내에게 원기가 가득한 정수를 제공했다. 그 둘 사이에서 아이들, '후손'이 생겼다.

혼인이 그들의 이런 행위를 합법화했다. 기혼녀는 오로지 자기 남편을 위해서만 식사를 준비해야 했고 절대 이방인을 위해서는 그러지 말아야 했으며, 남편은 아내에게만 자신의 정액을 '공급'할 의무가 있었다. 이 점은 때때로 아이들의 소꿉놀이에서도 나타난다. 예를 들어 보츠와나의 부시먼의 경우에 어떤 남자애를 위해서 '요리하는' 여자애가 그 애의 '아내' 역할을 한다. 아내들이 자기가 낳은 자식들과 함께 대개 각자의 움막에서 따로 사는 일부다처제 가정에서는 남편이 대체적으로 돌아가면서 아내들을 방문하곤 했다. 그리고 함께 밤을 보내는 아내만이 남편을 위해 요리할 필요도 있었다.

그 결과 '식사'(또는 '요리')와 '섹스'라는 개념은 전 세계적으로 동의어로 사용되었고, 한쪽이 은유적으로 다른 쪽을 대신할 수 있었다. 남자들은 여자들을 이를테면 '뜨거운 토마토', '양고기 조각' 또는 '꿀단지'라고 불렀고 그럼으로써 여자들에게 성적으로 '식욕'이 있고, 성교 시에 여자의 음문이 남자의 남근을 '먹는' 것처럼 그녀들을 '먹고' 싶어 한다는 점을 표현했다. 독일어의 개념쌍인 '남편Gemahl'과 '아내Gemahlin'도 비록 은근하긴 하지만 똑같은 연관관계를 나타낸다. 접두어 *ge-*는 '~와 같이', '함께'란 뜻의 옛 공통게르만어 전치사에서 유래한다. 남편과 아내는 식탁과 침대를 나눠 쓸 의무가 있었던 것이다. 남아메리카 인디언 부족들의 경우에 꿈에서 죽은 배우자와 함께 식사를 하거나 잠자리를 같이 하는 것은 자신의 임박한 죽음, 다시 말해서 고인과의 재결합을 의미했다. 아내가 남편에게 혼외 관계를 끝내라고 넌지시 요구하거나 남편 곁을 떠날 생각이 있다는 사실을 암시하고 싶으면 그냥 남편을 위해 음식을 만드는 일을 그만뒀다. 다시 말해 남편에게 '식탁과 침대의 분리'를 암시했다. 남편은 남편대로 아내가 해주는 음식을 먹지 않음으로써 이혼 의사를 표명할 수 있었다. 남편이 아내가 죽기를 바라면—이를테면 탄자니아의 카구루족의 경우에—그녀의 눈앞에서 요리 냄비를 박살내는, 역시나 분명하고 노골적인 방식으로 그 마음을 표현했다.

애초에 그런 종류의 감정싸움에 말려들지 않으려고 특히 신앙심 깊은 남자들(여자들은 이보다 드물게)은 사회를 등지고 수도원이나 암자로 들어갔고, 적당량만 먹고 금식하고 성적 금욕을 행했다. 다시 말해서 '육체적인 것'은 모두 피했다. 사실상 그들은 **자신의** 완성만을 염두에 둔 채 **반사회적으로** 살았다. 그런 면에서 이는 전형적인 고문화적 현상이었다.

금욕은 예부터 전통 문화에서 보편적인 관습이었지만 사람들은 항상 정해진 기간에만, 이를테면 전환기 **통과의례**의 일환으로, 또는 사냥, 영약 제조, 파종, 여행 등과 같은 중요한 과제를 준비하고 마음을 가다듬고 정신을 집중하고 조상과 수호령들의 조언을 구하고자 할 때만 금욕을 행했다. 결국 금욕은 항상 다른 사람들, 가족과 사회의 이익에도 기여했다. 번식은 가족과 친족, 집단의 생존을 보장했기 때문에 일종의 신성한 의무로 이해되었다. 번식을 기피하면 이해받지 못하는 것이 아니라 가차 없는 비난에 부딪혔다. 특히 조상들로부터. 결혼 생각이 없는 사람과 독신자들은 사회적으로 하찮은 위치를 차지했다. 아이들은 조롱하고 어른들은 비난하고 조상들은 온갖 시련을 내려 벌했다. 죽으면 정식으로 장례를 치러주지도 않아서 영혼이 저승으로 가는 길을 찾지 못했다. 그들은 사회에 의무를 다할 마음이 없었기 때문에 사회에서 영영 배척된 상태였다. 티롤 지방의 민간신앙에 따르면 그들은 저승의 어둡고 외진 곳에 이르러 진짜 헛고생을 해야 했다. 예를 들어 바위를 문질러서 없애고 고리로 작은 개미들의 턱을 잇고 안개의 층을 나누거나 검은 거위 똥을 씹어서 흰 왁스를 만들어야 했다.

다 같이 하는 식사도 포기할 수 없었다. 그것이 바로 서로에게 속한다는, 다시 말해서 자신의 가족적, 사회적 의무를 다하겠다는 생각을 나타내는 가장 명백한 표현이었다. 시간 공간을 확실히 정해서 함께 먹고 마시는 것, 이 본질적이며 중요한 정체성의 의미를 지니는 행위는 거의 (세속적인) 제식이나 마찬가지였다. 이 점은 식사와 노동이 양립할 수 없었다는 사실에서만도 이미 나타났다. 가족 만찬을 들거나 공개적 연회에 참석할 때는 종교 축제 때와 마찬가지로 하루 일을 쉬었다. 모든 음식이 차려지는 부엌은 흔히, 아프리카 일부에서 이와 유사하게 씨족 내 최연장자의 맥주 오두막이 그런 것처럼, 매우 신성한 공간으로 여겨졌다. 식탁에 앉으면, 항상 조상들도—로마인들의 경우에는 집의 수호신들도—참석하여 함께 식사했다. 유럽의 일부 지역에서는 가족과 함께 하는 점심 식사까지도 매우 소중해서 직장인들에게 긴 점심시간을 주는 경우가 많다. 예를 들어 제2차 세계대전 후 아직 기근이 심했을 때 그리스 남자들은 적십자사에서 나눠주는 뜨거운 수프를 난방이 되는 식당에서 먹기보다는 집으로 가져가 가족과 함께 먹기를 선호했다.

좀 더 높은 차원에서 이와 유사하게 다문화 사회에서 각—종교 또는 민족—집단이 전통의상이나 언어보다 향토 음식을 더 오래 고수하는 것이 이해가 된다. 그렇게 함으로써 현대의 도시 생활이 주는 혼란스런 다양성 속에서 자기 고유의 전통과 역사, 정체성을 확인하는 것이다. 음식은 삶을 담고 있다. 때문에 음식은 삶을 표현하는 이상적 매체이고, 직접적으로 경험 가능한 정보력의 '신호언어'이다. 앞에서 말한 음식의 종류와 풍성함에 따른 구분은 어떤 의미에서 가족이나 그 가부장의 신분과 지위에 대한 추가적인 정보로 식탁을 장식한다.

그렇기 때문에 민족지학자들과 사회학자들은 누가 어떤 먹거리를 생산 또는 취득하며, 먹거리가 분배 제공되는지 또 어떻게 그렇게 되는지, 누가 어떤 음식과 음료를 언제 어떤 모임에서 즐기고 이때 누가 우대되거나 홀대되는지 등의 문제를 조사할 때, 다시 말해 경제학, 더 나아가 영양학, 식사 관습과 요리법의 **신호체계**, '텍스트'를 '해독하고' 이해하는 법을 배울 때 한 사회의 핵심 구조에 대한 중요한 통찰을 하게 된다.

10. 치료제
먹거리의 주술적 효능과 새롭게 평가되는 식이요법들

적당한 식사, 마찬가지로 적절한 양의 음주는 기운을 돋우고 활력을 주며 생기가 나게 만든다. 특히 배고프고 목마를 때 이런 경험을 하게 된다. 그러나 이런 효과는 음식과 음료의 속성에 우선적으로 좌우된다. 어떤 음식은 효과가 더 눈에 띄게 작용한다. 반대로 어떤 음식은 지치게 하거나 심지어 고통을 유발한다. 이때 전승되어온 관념이 적지 않은 역할을 하는 경우가 많다. 벌써 족히 백 년은 된 어떤 보고서에 따르면 당시 아직 벨기에 식민지였던 콩고에 살던 한 아프리카 청년이 친구 집에서 그에게는 금기였던 야생닭을 먹었다. 그 청년만큼 '계몽되어 있었던' 집주인이 청년을 상대로 실험하려는 마음에 집에서 키운 닭이라고 우겼기 때문이다. 그 고기구이는 청년의 입에 잘 맞았다. 그러나 4년 후에 다시 그 친구를 방문했을 때 이번에는 친구가 사실대로 야생닭이라고 밝히며 대접하려 하자 청년은 단호하게 거절했다. 그러자 그는 지독하게 놀라운 일을 겪었다. 친구가 그를 비웃으면서 저번에 자기 집에 왔을 때 금기를 깨고 금지된 고기를 먹었지만 전혀 아무런 해도 없었지 않느냐고 털어놓은 것이다. 그러니 당장 다시 한 번 모험을 해볼 수도 있지 않겠느냐고 말이다. 이제는 친구가 지독하게 놀랄 사건을 겪을 차례였다. 손님이 그 자리에서 격하게 온 몸을 떨기 시작하더니 엄청 기운이 빠져서 자리에 누워야만 했다. 그리고 24시간도 안 되어 죽고 말았다!

전통적인 견해에 따르면 일반적으로 예부터 전해온 **고유의** 먹거리는 괜찮다고 입증된 오랜 요리법으로, 다시 말해 **거짓 없는** 방식으로 조리되었을 때만 기운을 돋운다. 그렇기 때문에 그—주술적—효과가 중요한, 제의에 쓰이는 음식과 음료의 경우에 이 점을 특히 중시한다. 더구나 문화에 따라 꿀, 특정 식물이나 식물의 각 부분과 그 구성물질(뿌리, 고갱이, 나무껍질, 즙액, 꽃, 씨앗), 고기와 그 중에서도 특정 부위와 기관 및 그 구성물질(심장, 신장, 간,

불알, 눈, 피, 젖), 전통적인 주식(죽, 빵과 맥주, 유목민 사회에서는 특히 몸집이 큰 동물들의 젖과 피)에 정력이 집중되어 있다고 언제나 믿어왔다.

그렇기 때문에 무엇보다도 이런 먹거리를 각별히 조심스럽게 다루라는 계율이 일반적으로 통용되었다. 예를 들어 식사 중에 상에 차려진 음식 일부가 바닥에 떨어지거나 부주의하게 잔을 들거나 내려놓다가 맥주나 우유를 조금 쏟으면 고대 그리스에서는 본의 아니게 조상에게 제물을 바친 거라고 여겼고, 발트해 지역, 팔레스타인 농부들도 그런 미신을 믿었다. 원래 상에 올린—또는 손님에게 대접한—음식과 음료는 하나도 남기지 말아야 했기 때문이다. 남자들이 음식을 남겨주면 아내와 자식들은 그것을 남김없이 먹어치웠다. 연회 때에 특히 이 점에 신경을 썼다. 참석자들은 마지막에 손가락으로 식기를 깨끗이 닦았고 그런 다음 손가락을, 또 숟가락을 쓸 경우에는 숟가락을 깨끗이 핥은 후에 옷, 심지어 머리에 문질러서 말리곤 했다. 한번 깨문 빵은 무슨 일이 있어도 다 먹어치워야 했다. 그 빵이 다른 사람의 손에 들어가면 그 사람에게 힘을 빼앗긴다고 여겼다. 요즘에도 부모들은 그런 규칙의 '미신적' 배경은 모르지만 아이들에게 일단 먹기 시작한 것은 끝까지 먹고 접시를 깨끗이 비우라고 엄하게 타이른다. 옛날 독일 미신에 따르면 음식을 버리거나 빵을 남용하고 우유를 무심코 쏟아버리는 사람은 '음식 죄악'을 저지른 것이고 때때로 고약한 죽음마저 감수해야 했는데, 그렇게 죽게 되면 뒤에 평온을 모르는 '불쌍한 영혼들'의 무리에게 넘겨졌다.

음식 찌꺼기가 바닥에 떨어진 채로 있으면 언제라도 이 방인이 발견하고 해를 끼치는 마술을 부릴 위험이 있었다. 어쨌든 먼지가 묻은 탓에 불결해졌고 먹을 수 없게 되었다. 인도에서는 최하위 카스트에 속한 자들만이 떨어진 음식 찌꺼기를 아무 탈 없이 먹을 수 있었다. 그들은 어차피 '천성적으로' 불결했기 때문이었다. 따라서 세상 어디에서나 사람들은 가능하면 음식물이, 특히 빵이 바닥에 떨어져서 나중에 누가 밟는 일이 생기지 않도록 조심했다. 유목민들의 경우에 이런 걱정은 주식인 동물 젖에 집중되었다. 예를 들어 투아레그족(사하라 사막에 사는 유목민으로 코카소이드계 베르베르족에 속한다-옮긴이 주)은 젖이 한 방울도 더러운 바닥에 떨어지지 않도록 하기 위해서 젖 사발을 씻은 물을 바위에 쏟아버렸다. 그럼에도 누군가 부주의하게 그 소중한 것을 조금이라도 흘리는 일이 벌어지면 비가 오지 않아 목초지가 메마를 것을 각오해야 한다고 믿었다. 시베리아의 부족들과 에스키모, 북아메리카의 인디언들도 사냥을 성공적으로 마친 후에나 축제 때 즐겨 먹는 어유나 비계기름이 한 방울이라도 숟가락에서 떨어지지 않도록 세심한 주의를 기울였다.

부주의는 결코 완전히 피할 수 없는 것이기에 결과적으

로 심각한 '폐기처리 문제'를 유발했다. 예를 들어 마케도니아에서는 바닥에 떨어진 음식, 특히 빵부스러기는 조심스럽게 주워서 불에 던지거나 땅에 파묻었고, 온전한 덩어리일 때에는 안전한 장소에 보관해서 아무도 밟지 못하게 했다. 북아프리카와 포르투갈에서는 식탁 밑에 떨어진 빵을 조심스럽게 불어서 털고 입을 맞춘 후에 식탁에 도로 올려놓거나 가축에게 먹이로 주었다.

기독교 사회에서는 물론 영성체를 나눠줄 때 각별한 주의가 요구되었다. 그런 까닭에 기원 후 처음 몇 세기 동안 초기 교구에서는 성별聖別된 빵을 안전하게—유리나 은으로 된—접시, 즉 '성반聖盤'에 담아서 제공했다. 사제들은 신도들에게 그럼에도 아무것도 바닥에 떨어지지 않도록 주의하라고 훈계했다. 그런데도 혹시 그런 일이 생기면 빵조각을 세심하게 주워서 먼지를 잘 털어내고는 물에 타서 그 물을 특별한 은총의 수단이라면서 신도들에게 마시라고 주었다. 동지중해 지역의 어떤 집단들은 성체용 밀떡을 떨어뜨리거나 미사용 포도주를 엎지른 자리를 활활 타는 석탄으로 덮었다. 하지만 거기에서도 성직자들은 바닥을 칼로 긁어내고는 그 혼합물을 불에 태우는 것이 더 옳다고 여겼다. 이상의 모든 폐기처리방법의 주요 동기는 잘못해서 흘린 그리스도의 '피'와 '육신'을 아무도 발로 밟는 빌미를 주지 않는 것이었다.

곡식과 빵(또는 죽)은 매년 죽임을 당하는 젊은 곡물신의 일부라는 믿음이 기독교보다 앞서 존재했다. 그렇기 때문에 특히 이 먹거리들을 존중해야 했고, 이들의 처리와 관련하여 다양한 형태의 풍속이 존재했다. 가령 수확하고 나서 밭에 낟알이 한 톨도 남아있으면 안 되었다. 파키스탄 북부의 훈자족은 낟알을 하나하나 주워 모았는데, 그렇게 하지 않으면 경작지의 비옥함에 타격이 가해지고 다음해 수확이 나빠질 것이라고 걱정했기 때문이다. 북아메리카 동부에서 농경을 하는 인디언들, 예를 들어 세네카족 역시 옥수수 이삭에서 낟알을 떼어낼 때 바닥에 떨어뜨리지 않도록 세심한 주의를 기울였고, 혹시나 그런 일이 생기면 얼른 다시 주워들었다. 그렇게 하지 않으면 옥수수 여신의 분노를 사 다음 번 수확 때 상응하는 결과가 생기기 때문이다. 사실 이것은 보편적인 관습이었다. 사람들은 자기들이 먹는 음식물을 조심스럽고 주의 깊게 또는 외경심을 가지고 대했다.

그런 음식물은 일반적으로 기운을 돋우었을 뿐만 아니라 건강을 유지시켜 주기도 했다. 먹거리마다 조금씩 차이는 있었지만. 주기적으로 반복해서 먹는 제물 및 의식용 음식은 특히 치유력이 뛰어났다. 그 음식들은 사회에서 소비한 에너지를 매번 새로이 재충전해줬을 뿐만 아니라 동시에 예방 차원에서 사회의 저항력을 강화시켜줬다. 안티오키아의 성 이그나티우스(2세기)는 이런 의미에서 영성체를 '불멸의 약*pharmakon athanasias*'이라고 불렀다. 부활한 예수의 살과 피를 먹은 자는 **영생**을 누렸다.

제물과 축제 음식의 중요한 구성요소는 특별한 힘을 지녔다고 여겨진 고기였다. 바로 그런 이유 때문에 남자들은 축제 때뿐만 아니라 평소에도 고기에 대한 우선적 권리가 있었다. 여자들도 동조했던 널리 퍼진 견해에 따르면 일상의 과제 처리, 전쟁, 책임질 일 및 남편으로서 밤에 해야 하는 의무를 위해서 남자들에게 보양식이 더 많이 필요했기 때문만은 아니었다. 남자들은 가정과 사회에서 사제 기능도 수행했기에, 다시 말해 제물을 봉헌했기에 전적으로 제사음식이 아니더라도 우선적으로 잘 먹었다. 남자들이 땅의 주인이자 지역 전통의 수호자였기 때문에 **그들의** 건강이 첫 번째로 중요했다.

그러나 원칙에 따라 누구나 특별 강장식에 대한 권리가 있는 경우도 항상 있었다. 부상과 질병, 정력 약화가 이런 경우에 들었고 임신과 수유기도 그러했다. 이때 경험은 주술적 관념들과 결합되어 수천 년이 흐르는 동안 일부는 극히 정선된 **민족약리학적** 전통의술 및 식이요법 체계로 발전했는데, 그 체계가 이미 붕괴되고 있는 오늘날에서야 비로소 그 의미를 제대로 평가하기 시작했다.

그런 체계가 얼마나 과거로 거슬러 올라가는지는 (동아프리카의) 침팬지들에게 약초학 지식이 있는 것처럼 보인다는 관찰 결과를 보면 안다. 침팬지는 병이 들면 안전한 장소로 가서 푹 쉬고 흔히 특정한 식물들의 잎만 몇 장 먹는데, 이때 잎을 한 장씩 조심스럽게 입에 넣는다. 어떤 잎은 즙만 짜 먹고 어떤 잎은 씹지 않고 그냥 삼킨다. 조사 결과에 따르면 그 식물들이 실제로 의학적 효과가 있는 물질들을 함유하고 있다고 한다. 아마도 그런 이유에서 동물들이 어떤 식물은 작용물질 농도가 가장 높은 저녁에만 따먹고 또 어떤 식물은 어린 싹만 골라 먹는 것 같다. 밝혀졌다시피 오래된 싹에는 어떤 작용물질도 들어 있지 않기 때문이다. 게다가 그 주변에 사는 인간들도 똑같은 식물을 치료용으로—이를테면 균류와 벌레에 의한 발병 및 세균, 바이러스 감염에—사용한다.

덤불과 숲에서 나온 허브, 뿌리, 나무껍질, 야생식물은 원기 강화와 치료에 항상 우선적으로 사용되었다. 도부섬(뉴기니 동북쪽)의 주민들은 특정한 뿌리와 잎, 식물 즙액을 섭취함으로써 모든 마법에 맞서는 주술적 효능을 강화시키고자 했다. 특히 나무는 세계 어디에서나 거의 모든 부분, 즉 목재, 껍질, 꽃과 열매 또는 그 씨와 깍지가 의학적으로 이용되었다. 이런 물질들을 말리거나 갈고 거칠게 빻아서 먹었다. 또 여러 부분을 섞어서 달인 약과 혼합물을 만들어냈는데, 여기에 때때로 첨가물을 더 넣어서 묽게 만들었다. 이런 연유로 개발도상국에서 숲의 계속적인 벌목이 전통 의학에 심각한 문제를 야기한다는 사실이 납득이 간다.

치료 목적의 식이요법은 고대에도 매우 중요했다. 예를 들어 어린 쐐기풀을 먹으면 일 년 내내 질병이 예방되었고 서양자초는 간질 예방에 쓰였으며 그 밖에 다른 예도 많다. 테살리아와 에트루리아, 즉 현재의 토스카나는 약용식물과 주술적 식물—그리고 특히 이들 식물에 정통했던 '마녀들'—로 유명세와 악명을 동시에 떨쳤다. 독일어 식물 이름을 보면 많은 식물들이 과거에 의술(또는 '마술')에 사용되었음을 알 수 있다. 트래블러스 조이*Clematis vitalba*는 '마녀의 머리칼'이나 '마녀의 메꽃', '마녀의 꼰실'로, 유럽산관중*Dryopteris filix-mas*은 '마녀의 사다리'로, 대극 *Euphorbia*은 '마녀의 풀'로 불리었다. 로스톡의 형사법원 조서에 따르면 '마녀'로 기소된 안네케 엥에퍼스라는 여자가 1582년 10월 2일에 약쑥, 말로우, 마디풀, 피버퓨, 아그리모니, 굳킹헨리, 라벤더, 서던우드, 머위, 이상의 아홉 가지 허브로 '마법의 주스'(약이라고 하는 편이 더 맞다)를 조제했다고 고백했다.

건강과 체력을 유지하기 위해 특정한 식품을 일반적으로 또는 우선적으로 먹고 반대로 어떤 먹거리는 피한다는 오래되고도 단순한 원칙은 고대와 중세 이래로 현재까지 의학적 식이요법학에 계속 살아남아 있다. 기독교, 이슬람의 제후들과 왕들(칼리프)은 식탁에 오르는 음식의 조리와 구성을 감독하는 의사를 따로 두었다. 요리책들에는 미식가를 위한 요리법보다는 건강한 식사법에 대한 의학적 지침이 실려 있을 때가 많았다. 여전히 의술과 요리법을 연관지어 보았던 것이다. 사람들은 올바른 식이요법을 통해 육체와 영혼을 조화롭게 일치시키고 그럼으로써—언제나 이것이 특히 중요했기 때문에—생을 연장시킬 수 있기를 희망했다. 이런 이유로 중국에서는 의사 외에도 약리학자들이 주로 책을 펴냈다. 홀사혜忽思慧는 『음선정요飮膳正要』(1330)(올바른 식이요법)에서 "식이요법만으로도 많은 질병을 치유할 수 있다."고 선언했다. 빌란트, 헤르더, 괴테, 쉴러 외에 프로이센 국왕 부처의 주치의였던 저명한 독일 의사 크리스토프 빌헬름 후펠란트(1762~1836)도 똑같은 옛 전통을 바탕으로 가르쳤고, 그렇기 때문에 오늘날 현대 노인병학의 창시자이자 식이요법 예방의학의 선구자로 꼽힐 만한 자격이 있다.

맥주와 와인도 언제나 건강식품으로 꼽혔다. 둘 다 기본 먹거리의 '영혼'이나 '정신'을 함유하고 있었고, 전통사회에서는 본질적으로 곡물신이나 재배작물신과 관계가 있다고 두루 이해했다. 앞에서 이미 언급했듯이 맥주를 '마시는 빵'이라고 부르는 관습은 오래되었을 뿐만 아니라 의미심장하기도 하다. 맥주와 와인에는 치료 효과도 있다고 여겼는데, 특히 효과가 크다고 여긴 와인을 유럽에서는 고대부터 치료제로 썼을 뿐만 아니라 의약품 제조의 기본 성분으로 사용했다. 중세 후기부터 연금술사들이 증류 과정에서 발견한 증류주가 점점 많이 사용되기 시작했다. 증류주는 처음에는 약제로만 이용되었다가 시간이 지나면서 점차 기호식품으로 자리 잡기 시작했다.

알코올은 적당량만 마시면 기분을 좋게 하는 효과가 있다. 알코올은 걱정과 불안을 완화시키고 활기를 주며 겉보기에 힘을 주고 용기를 북돋운다. 그렇기 때문에 술은 많은 민족에게 적절한 전투 준비 수단으로 이용되었다. 17세기에 말을 소유하게 되었고 스페인과의 전투에서 큰 역할을 했던 북부 차코(파라과이)의 인디언 집단인 아비폰족과 18년간 함께 생활했던 예수회 선교사 마르틴 도브리츠호퍼(1717~1791)는 이와 관련해서 생생한 보고를 하고 있다.

아비폰인들은 얼큰하게 취했을 때 가장 명민하게 충고하고 용감하게 전투에 임한다고 생각한다. 만취한 상태에서 그들은, 규정에 따라서, 위험을 보지 않거나 일부러 무시하고 적은 수일지라도 많은 적에게 감히 맞서고 상처의 통증을 하찮게 느끼며 목숨에 개의치 않고 죽음에 용감히 맞서곤 했다. 평소에 약한 빛을 낼 뿐이었던 용맹의 불꽃조차 술기운 덕분에 환한 불길로 활활 타오른다고 한다.······ S. 페르디난드에서 우리는 토바, 마코비어 적군 무리가 우리에게 맞서기 위해 멀리서부터 다가오고 있고 길어야 이틀이면 우리 곁에 도착할 거라는 소식을 입수했다. 이 소식에 놀라기는 했지만 겁에 질리지는 않았다. 그들은 심사숙고하고 포식하고 아직 거두지 않은 승리에 환호하며 이틀을 보냈다. 금방 탈 수 있도록 말을 마을 울타리에 가둬놓고 관습대로 얼굴을 무섭게 칠한 후에 한 손에 잔을 들고 다른 손에 화살 한 묶음을 든 채 수많은 적들의 공격을 기다렸다. 오순절 주일 오후 3시에 멀리서 말을 탄 야만인들의 무리가 보였다. 비록 아비폰인들은 오래도록 술잔치를 벌인 뒤라 발도 몸도 가누지 못할 지경이었지만 그래도 창을 집어 들고 여자들의 도움을 받아 계속 대기하고 있던 말에 올라탔다. 무서운 전투의 휘파람 소리를 내면서 무질서하게 온 들판으로 퍼져 채찍을 늘어뜨린 채 다가오는 적들에게 질주했고, 다행히도 승리를 거두어 적들은 아비폰 촌락을 파괴하려던 계획을 포기하고 가까운 숲으로 도망쳤다.

곧 아비폰인들은 빠른 속도로 적들을 뒤쫓아가 처절한 패배를 안겨주었다.

제2차 세계대전 때만 해도 최전선의 병사들, '패배한 무리'에게 잔뜩 술을 먹이는 게 어디에서나 성행했다. 승전국들이 거의 저항에 부딪히지 않은 종전 무렵에도 처음으로 진주해 들어오는 (미군) 부대들을 보면 똑바로 걷고―운좋게―제대로 조준해 쏘는 것을 힘들어하는 모습을 볼 수 있었다.

전사들은 용감하고 강해야 했는데, 단지 남들을 죽이기

위해서만 그런 것은 아니었다. 동족들의 생명을 보호하는 것이 적어도 똑같은 정도로 중요했다. 그런 까닭에 새 생명, 집단의 '후손'을 배고 있는 임산부들 역시 원기를 주는 음식이 필요했고, 그런 만큼 평소에 여성에게 주어지는 것보다 좋고 영양이 풍부한 음식을 먹었다. 산모들도 마찬가지였다. 하지만 이 경우에는 만인의 생존이라는 더 높은 목표를 위하여 산모의 회복과 건강 자체보다는 오히려 수유 능력과 모유의 질, 생식력의 보존이 더 중요했다. 나이지리아의 풍습에 따르면 뜨거운 야자와인이나 기장 맥주를 충분히 마시면 수유 능력이 촉진되었다. 일반적인 원기 회복을 위해 여자들에게 후추를 잔뜩 친 생선 수프와 고기를 많이 먹였다.

어떤 민족들의 경우에는—출산으로 약화된 듯한—생식력을 소생시키기 위해 특별한 방법을 썼는데, 이 방법은 동물들, 더욱이 육식, 초식동물 모두 쓴다고 알려졌고 근대적인 미각에 맞지 않았기 때문에 유럽 출신의 관찰자들에게 불쾌감을 일으켰다. 바로 산모가 출산 직후에 태반을 먹는 것으로, 전통적인 믿음에 따르면 신생아의 '쌍둥이'를 먹는 것인데, 세계 여러 곳에서—근래에는 더 이상 아닐지라도—그 방법이 성행했다고 보고된다. 예를 들어 독일 자연과학자인 요한 고트프리트 게오르기(1738~1802)는 18세기말 시베리아를 여행하면서 퉁구스족의 이런 풍습을 목격한다. "그들의 음식 전부가 역겨운 방법으로 조리되었는데, 일부 음식은 그 자체로 역겨웠다. 그중에서도 가장 역겨운 것은 분만한 여자들의 태반 구이로, 그들은 태반을 실라마*silama*라고 부르고 조리한 것은 오에데찰*oedechal*이라고 부르며 아주 맛있다고 생각해서 엄마들 스스로 맛볼 정도다."

그러나 이 경우 아마 식도락이 목적은 아니었을 것이다. 이런 '태반 섭취'가 역시 일반적이었던 시베리아 북동부(캄차카 반도)의 이텔멘족은 이 관습의 목적을 정확히 밝혔다. 여자들은 후산을 먹음으로써 수태능력을 보존하고 되도록 빨리 다시 임신하기를 바랐다. 반면에 매우 믿을 만한 관찰자인 요한 게오르크 그멜린(1709~1755)은 야쿠트족의 경우에는 이런 특별한 향유에 빠져 있는 것이 남자들이었다고 보고하고 있다. "후산, 특히 태반을 아이의 아버지는 별미로 먹는다. 태반을 삶아서 가장 친한 친구들을 손님으로 초대해 이 음식을 즐겨 먹는다."

오늘날의 시각으로는 매우 '이국적'으로 보이는 이런 종류의 풍속을 지리적 발견의 시대에 자극적인 화제에 목을 매었던 작가들의 '날조'라고 당장에 폄하하지 않도록 조심해야 한다. 하지만 그런 폄하는 자꾸만 너무 성급하게 일어난다. 이런 풍속에는 분명히 의미가 있으며, 그 의미는 생의 **마지막**과 결부되어 있고 원을 완성시키는 어떤 보완적인 관습을 알면 이해가 한층 쉬워진다. 이 전통에는 '자신의 살과 피'를 그냥 바깥 아무데서나 또는 땅속에서 썩게 두지 않고 자신, 가족 및 사회가 **자기 합체**를 통해 몇 세대 이후에도 생생하게 '유치留置한다'는 공통의 생각이 바탕을 이룬다.

일부 매우 상이한 문화 유형을 갖는 적지 않은 민족들—북, 남아메리카의 인디언들, 오스트레일리아의 에보리진, 파푸아뉴기니 부족들, 멜라네시아인, 고대 중앙아시아와 옛 유럽의 부족들—에게는 죽은 가족의 신체 일부를 먹으라고 규정한 풍속이 있었다. 하지만 20세기 중반까지도 그랬던 동파라과이의 아체족처럼 시신 전체를 먹는 풍속은 드물었다. 이 계율은 항상 **직계가족**만 포함시켰다. 예전에는 이런 풍속을 모호하게 '내부 매장'이라고 불렀고, 나중에 '족내 식인'이라고 불렀다. 아무리 믿음이 돈독한 사람일지라도 선뜻 시신을 먹는 것은 거의 불가능했다. 때문에 사람들은 대개 혀나 심장, 간처럼 연한 부위를 바짝 굽거나 다른 음식에 넣어 섞거나 또는 뼈를 태워 재로 만들거나 푹 고아서 가루로 빻아 맥주나 야자와인에 타는 식으로 그 먹기 힘든 음식을 '먹을 만하게' 만들려고 했다. 기원전 500년쯤에 아랄해와 카스피해 사이 지역에 살았던 이란어권의 축산 민족인 마사게트족의 경우에 식인 풍속은 노인 살해와 결합되어 나타났다. 헤로도토스는 마사게트족에 대해 이렇게 전하고 있다. "그들에게 평상시에는 특정한 연령제한이 없다. 하지만 어떤 사람이 지나치게 연로하면 모든 일가친척이 모여 그 노인을 가축과 함께 죽였고, 그 고기를 삶아 배불리 맛있게 먹었다. 그들은 이것을 가장 큰 행복으로 여겼다"(I 216). 이런 식으로 죽고 '매장되는' 것을 행복으로 여겼다. 이를 보장하는 것은 가까운 친척들의 의무였다. 때문에 1950년대 중반에만 해도 뉴기니 고원의 포레족은—오스트레일리아 위임통치 정부가 족내 식인을 금지하기 전—민족학자인 로널드와 캐서린 베른트 부부를 "나는 너를 먹겠어."란 인사말로 환영했는데, 이로써 그들을 손님으로, 다시 말해 준準 친척으로 받아들일 용의가 있다는 점을 표현했을 것이다.

이런 관행은 오늘날 더 이상 장점을 발견하기 힘들지만, 그럼에도 깊은 종교적 감정에 영향을 끼쳤다. 생명혼의 보존, 다시 말해 가까운 친척들의 육체 안에서 생명력이 '영원히' 계속해서 흐르는 것을 보장한 것이다. 이는 고정적 매장지, 지역에 결부된 조상 숭배가 없는 유랑 민족들에게 특히 바람직했다.

그러니까 인간은 브리야 사바랭의 주장대로 실제로 자기가 먹은 것의 일부였다. 그런 까닭에 전통 사회들이 그토록 고집스럽게 예부터 전해온 먹거리를 고수한 것이기도 했다. 그런 관습이 건강만 보장한 것은 아니었다. 나아가 그들이 부모, 조부모, 조상들과 같은 인간으로 남고 그들의 '고유의' 본질, 그들의—민족 중심적 사상에 따른―이상적 특성들, 이를테면 정서가 보존되도록 해주었다. 고대 인도의 의사들과 고대(그리고 중세)의 의사들의 견해에 따르면 식습관이 사람의 기질을 각인했다. 이런 견해에는 물질(이를테면 가연성이나 경도), 식물(치유력, 풍부한 씨, 독성), 동물(민첩성, 힘, 꾀) 및 밤이나 폭풍 같은 자연현상(어둡거나 격앙하기 쉬운 기질)의 특성이 접촉, 마찰, 흡입, 무엇보다 섭취를 통해 전이될 수 있다는 주술적 믿음이 바탕이 되었다. 보통 먹거리는 긍정적인 재능을 보장하고 고기는 힘세고 용감하게 만들지만, 반대로 그 지역에 낯선 음식의 향유는 '변태적인' 특성을 유발했다.

위독한 상태일 때는 특정한 영양식, 일반적으로 치료제와 강장제를 먹음으로써 이 원칙을 이용했다. 특수한 경우에는 그만큼 특별한 조치가 필요했다. 가령 자바의 무희들이 노래할 때 쉰 목소리를 내면 앙상블 단장은 날카롭고 귀청을 울리는 울음소리가 특징인 곤충을 먹으라고 줬다. 영국의 위대한 셰익스피어 연기자인 에드먼드 킨(1787~1833)은 이와 비슷한 규칙을 따랐다. 연인 역할을 하기 전에는 거세된 숫양 고기를, 살인자 역을 할 때는 쇠고기를, 폭군 연기를 해야 할 때는 돼지고기 구이를 먹었다.

거꾸로 기운이 빠지고 병들게 하거나 그 밖에 원치 않는 결과를 유발할 수 있는 음식은 피해야 했다. 여기에 **음식 금기**가 도움이 되었는데, 가장 일반적인 규칙은 예부터 전해온 음식들을 엄격하게 고수하고 낯선 음식에는 절대 손대지 않는 것으로서 특히 중심적인 전통 수호자인 수장, 사제, 왕들에게 적용되었다. 그런 까닭에 민족학자들이 주인에게 답례하려고 가져온 음식과 음료를 대접하면 번번이 거부당하곤 했다. 공장에서 제조된 **패스트푸드** 음식에 대한 두려움은 '할머니의 요리'와 '맛있는 옛날의 소박한 가정식'이 새롭게 가치를 인정받게 만든다.

중대한 과도기에 처한 사람들은 기피 규정을 한층 정확히 지키거나 관련된 경우가 특별히 요하는 기타 규정들로 보완했다. 예를 들어 과라니족(파라과이)의 임신부들은 쌍둥이를 낳지 않으려고 이중으로 된 기장 낟알은 먹지 않도록 조심했다. 차드(수단)의 음붐 크파우족은 기형아를 출산할 위험이 있다는 이유로 나선형 뿔이 난 영양의 고기를 기피했다. 남아메리카 인디언 전사들은 겁이 많아질까봐 사슴 고기를 입에 대지 않았다. 내적 조화와 냉철한 머리를 지키려고 노력한 피타고라스학파의 철학자들은—누구보다도—피타고라스의 충고에 따라 특히 몸속에서 불안을 일으킬 수 있는, 다시 말해 뱃속 가스로 인한 적지 않은 소란을 유발할 수 있는 음식을 삼갔다.

금기로 삼는 동물들도 항상 있었다. 일부는 집단 구성원들과 가까운 친척 관계였기 때문에(토테미즘), 일부는 미움을 사는 특성을 가졌기 때문이었다. 예를 들어 유럽에서도 여전히 그러하듯이 약탈적이거나 식인주의적인 경향을 발휘하지 않기 위해 육식동물을 기피하는 일이 빈번했다. 빙엔의 힐데가르트는 당나귀가 어리석다고 여겨졌기 때문에 당나귀 고기를 혐오했다. 고귀한 종류의 피조물, 즉 동물의 형상을 한 영적 존재라는 믿음에 기반을 둔 금기도 있었다. 예를 들어 말레이시아 내륙에 사는 채집 수렵 종족인 바텍족은 흰손긴팔원숭이, 코뿔소, 비단뱀, 강거북, 담비, 몇몇 도마뱀을 그런 동물로 여겼는데, 특히 그 종의 평균보다 크거나 특이한 특징이 있는 동물은 더욱 그렇게 간주했다. 그런 동물을 잡아먹으면 줄곧 병에 시달렸고 심지어 악천후가 올 것을 각오해야 했다.

영적 존재들은 그들대로, 제물 취급 부분에서 이미 언급했듯이, 어떤 물질이나 식물, 음식의 좋은 냄새만을 '먹고살았다'. 그들은 좋은 향기를 좋아하고 나쁜 냄새는 싫어한다. 그래서 사람들이 뭔가 태우거나 불쾌하게 코를 찌르는 뭔가를 먹을 때 그들의 기분을 상하게 할 수 있었다. 때문에 아삼의 세마 나가족은 수확기 동안 쇠고기와 양파를 먹으면 안 되었다. 쌀의 신이 그 냄새를 대단히 싫어했기 때문이다. 그래서 냄새가 강하거나 역한 식물들, 예를 들어 쑥*Artemisia*, 베토니*Stachys*, 특히 양파와 마늘을 처마 밑이나 문 위에 걸어두는 방법으로 달갑지 않은 정령들의 접근을 막았다.

자신의 감정에 대한 응답을 못 받는 연인들도 위기 상황에 처한 경우다. 그런 곤경에 처한 사람은 세계 어디에서나 주술적 방법으로 소망을 성취하려고 했다. 그런 목적으로 무엇보다도 특정한 식물성 또는 동물성 먹거리를 섭취했다. 동물성 중에서는 특히 고환과 남근을 선호했는데, 그 이유는 자명하다. 예를 들어 에콰도르의 히바로족 남자들은 긴코너구리의 페니스 뼈를 갈아서 그 가루를 마음에 두고 있는 여자의 음식이나 음료에 몰래 탔다. 그러면 그 여성이 한껏 자극을 받아서 기꺼이 유혹을 당했다. 식물 중에서는 특히 '향긋'하거나 '도발적'인 냄새를 풍기는 식물—향수의 원형!—을 선호했다. 지중해 국가들과 유럽에서는 연복초과*Adoxaceae*의 대표 식물들 외에 특히 가지과 식물인 맨드라고라*Mandragora*가 대표적이었다. 맨드라고라는 르우벤이 들에서 발견해 어머니 레아와 이모 라헬이 야곱의 사랑을 되찾고 그의 아이를 수태하도록 도와준 바로 그 '합환채'였다(창세기 30:14-24). 오늘날에도 여전히 아라비아에서는 그 꽃과 열매의 냄새가 관능을 자극하고 생식력을 촉진하는 작용을 한다고 생각한다. 맨드라고라 뿌리를 음료에 섞으면 수태능력이 증대되었다. 그 음료를 마신 여자는 뿌리가 남자 형상이었다면 사내아이를, 여자 형상이었다면 계집아이를 임신했다. 그 밖에 효력이 있는 최음제로서 잣, 피스타치오, 아몬드, 개암도 특별한 인기를 누렸다. 추측컨대 예전에 팔레스타인의 베두인족 사이에서 널리 행해졌듯이 남자를 원하는 처녀와 부인들이 자기 발톱을 잘라서 일곱 번 씻은 후에 깨끗한 물에 담가 연하게 해서 연인에게 마시게 하거나 아내가 자신의 배설물 말린 것을 매일 조금씩 남편의 식사에 섞어서 그의 마비된 감각을 되살리려고 했을 때면 남자들은 아무것도 모른 채 그런 음식을 좋다고 여겼던 것 같다.

특히 주식에 의미를, 다시 말해 특유한 힘을 부여하긴 했지만 사실상 모든 음식 섭취가 주술적 행위에 해당되었다. 이 점은 식사 관습과 식탁 예절에서 분명하게 표현되었다. 둘 다 어떤 때는 흔적만 남은 **의식**이었고 어떤 때는 고도로 세련된 **의식**이었다. 그런데 특별한 음식과 특별한 계기에 더 의도적으로 이런 의식에 대처했다. 말했듯이 빵은 성스러운 음식으로 여겨졌다. 그렇기 때문에 아무 생각 없이 빵을 씹거나 손가락으로 빵을 부수거나 던져버릴 수 없었다. 빵을 가지고 하는 행동은 전부 개인과 가족의 삶에 특정한 **주술적 의미**를 가지고 있었다. 예를 들어 '독일 국가들'에서는 항상, 특히 밤에는 빵이 집에 소량이나마 있어야 했다. 여기에 신경을 쓰지 않는 사람은 복이 달아났다. 러시아에서는 남의 빵을 다 먹어치우는 것이 그 사람의 힘과 행운을 빼앗는 것을 의미했다.

일반적으로 사람들은 어떤 계기에 따라 달리 먹고 마셨다. 무엇보다도 특별한 전환기에 가장 큰 의미를 부여했다. 말하자면 옛 질서가 해체되고 새 질서가 막 정립되기 시작한 과도기에 행한 모든 일이 그 후속시기에 대해 주술적인 지도 기능을 가졌다. 그렇기 때문에 손짓 하나하나, 실행 하나하나가 다 미래 지향적이고 고정되어 있었다. 특히 미래와 강하게 연관된 전환기, 무엇보다도 결혼식과 '두 해 사이에 낀 날들'이 여기에 해당되었다. 이때 식사도 적지 않은 역할을 했다. 축제의 성격에 따라 항상 아주 특정한 음식을 먹었다는 얘기는 이미 앞에서 했다. 옛날에 단 음식은 값비싼 별미였다. 그런 까닭에 이슬람 국가와 기독교 국가에서는 그 해의 풍요를 주술적으로 확약하기 위해 새해 첫날(또는 크리스마스)에 단 음식을 아주 특별히 푸짐하게 상에 올리곤 했다. 그리고 여전히 그렇게 한다. 예를 들어 모로코에서는 팬케이크, 설탕 튀김과자, 석류, 무화과와 달걀, 꿀, 건포도를 섞은 고운 밀가루 죽이 대표적인 설날 음식이다.

축제 음식의 종류뿐만 아니라 그 규모도 미래를 위해 중요했다. 결혼식과 설날에는 전통적으로 달게 먹었을 뿐만 아니라 무엇보다도 **성대하고 푸짐하게** 먹고 마셨다. 과도한 식사와 무절제한 음주는 유럽 전역에서 즐거운 축제의 일반적 부수 현상이었을 뿐만 아니라 전적으로 **필요했으며**, 전체 의식의 의무적인 부분이었다. 그럼으로써 사람들은 어떤 의미에서는 기대했던 결혼 생활과 새해의 충만함을 주술적으로 미리 씹어 먹었고 거듭해서 서로의 건강과 안녕을 위해 건배했다.

먹고 마시는 것은 개인과 공동체를 강하게 만들고 치유해줬다. 그것은 특정한 방식으로 사람들의 감정과 생각에 침투했고, 여럿이 모여 즐기는 여가의 진수였다. 주술적이고 종교적인 관념들이 언제 어디에서나 식사에 수반되었고 식사에 특별한 중요성을 부여했다. 사람들이 먹고 마시기 위해 모이면 언제나 상에 올라온 음식의 알 수 없는 오염이나 다른 사람의 시샘 어린 시선에서 기인할 수 있는 불화를 방지하려는 생각에서 서로 '축복 받은 식사', '맛있게 드세요', '잘 먹어' 또는 '건강을 위하여!' 같은 인사말을 했다. 지금도 그런 말을 하긴 하지만 대개는 순전히 습관적으로 할 뿐이다. 적어도 복지사회에서는 이미 오래 전에 주술적인 소망과 간청이라는 의도 대신에 향유라는 이유가 훨씬 중요해졌기 때문이다. 사람들은 '질'에 신경을 쓰지만 자주 기만당한다. 먼 실험실 부엌에 있는 너무나 많은, 대개 무명의 요리사들이 죽을 망친다. 선조들은 식탁에 같이 앉아 음식을 감독하지 않는다. 이제 신들은 자기들이 선사한 것을 축복하기 위해 축제에 손님으로 오지 않는다.

11. 요리기술의 역사
최초의 유명한 요리책들은 남자들이 썼다

인간은 음식을 조리한다. 이 점이 인간을 동물과 구별해 준다. 그러나 동물과 마찬가지로 인간도 오랫동안 직접적인 주변 환경의 식량자원에 의존했다. 비록 기본적인 공통점을 바탕으로 하긴 하지만 차츰 그런 식으로 지역 음식과 문화가 형성되었다. 날 음식은 항상 중요했고, 채집수렵사회에서는 더더욱 그랬다. 그 밖에 견과, 장과, 기타 과일 또는 식물의 잎을 먹었다. 전부 다 창고에 보관할 필요는 없었다. 그런 먹거리를 불로 조리한다는 생각을 처음으로 한 것은 어차피 거기에 필요한 그릇이 생긴 후였다. 그런데 정찬 때는 익힌 음식을 중요하게 여겼다. 원래 익힌 음식이라 함은 구운 고기를 말했고 여기에 뜨거운 재 속에서 찐 뿌리와 그 밖의 야생식물을 곁들여 먹었는데, 농경과 도기 제조술을 발명한 후에는 죽과 납작한 빵이 익힌 음식을 뜻했다. 불과 화덕 주위로 매일 저녁 사람들이 모였고 식탁 예절을 지킴으로써 예부터 전해 내려온 사회 규범과 관습의 통용을 서로 확약했다.

인간 중심적 입장은 민족 중심적 입장으로 치달았다. 고유의 먹거리와 요리만이 건강과 생명을 확실하게 유지시켜줬다. 그것은 '적합하고' 개화한 것이며 진정으로 인간다운 식사의 정수였다. 전통적인 농경문화의 구성원들은 지금도 여전히 매일 한 번의 든든한 죽으로 된 식사만이 농경, 사회, 정치적 과제를 필요한 방식으로 처리할 수 있도록 보장해준다고 확신하고 있는 경우가 많다.

이는 곧 사람들이 남의 요리를 하찮게 여긴다는 뜻이다. 예를 들어 차드에서는 가까이 이웃한 몇몇 집단들이 기장, 콩, 쌀, 기타 주식의 섭취 적격성에 대해 상이한 견해를 가지고 있다. 각 집단이 자기들이 혐오하는 음식을 먹을 수 있는 것으로 여긴다는 이유로 다른 집단을 조롱한다. 그리고 항상 자기들의 음식이 뛰어나다고 생각한다. 남인도의 종족들은 이웃들처럼 개구리나 뱀, 악어를 먹지 **않기** 때문에 자기들이 더 우월하다고 착각한다. 독일인들은 경멸적으로 '**양배추**'(독일인들이 절인 양배추를 많이 먹기 때문이다-옮긴이 주)라 불리고 프랑스인들은 '**개구리**', 이탈리아인들은 '**마카로니**'나 '스파게티 먹는 자'라고 불린다. 멀리 살거나 명백하게 상이한 문화를 가진 민족들은 불을 사용할 줄 모를 것이라 여기고 고기를—야생 열매가 아닌데—**날로** 먹는다고 비난한다. '에스키모'라는 민족명은 프랑스어 복수 *esquimaux*를 거쳐 에스키만치크*eskimantsik*로 거슬러 올라가는데, 이는 알곤킨어족에서 나온 개념으로 '날고기를 먹는 자'란 뜻이며 남쪽에 이웃한 인디언 부족들은 북쪽에 사는 그들의 '야만적' 이웃들을 그렇게 불렀다. '에스키모'들은 스스로를 이뉴잇이라고 불렀는데, 이는 '사람'이란 뜻이다. 훨씬 더 멀리, 변방이나 자신의 민족지학적 시계視界 너머에 살았던 민족들에게는 식인을 한다는 비난을 할 때가 많았다. 유럽인들도 예외는 아니었다. 아주 외딴 곳에 있는 집단들은 말하자면 동화와 전설 세계의 사람 먹는 귀신, 외로운 방랑자나 길을 잃은 자가 오기를 기다렸다가 집으로 유인하여 죽인 후에 맛있게 먹는, 호메로스의 키클롭스 같은 거인의 모습을 한 괴물로 변모했다.

하지만 그게 다는 아니었다. **멀면 멀수록 잘못된**이라는 민족 중심적인 부정 원칙의 기준들에 따른 신화문학적 특징에도 불구하고 그런 보고들에는 진실한 부분이 있다. 물론 근래에 포스트모더니즘의 '해체' 이론에서 이런 사실에 대해 **전반적으로** 의문이 제기되었다. 그런 보고는 순전히 날조된 백인 식민지 통치자들의 '가설'이라고 주장되었다. 토착민들을 진짜 야만인으로 보이게 하여 그들을 노예로 삼고 약탈하거나 난폭하게 '교육'시키고 문명화하려는 시도가 전적으로 정당하다는 의도로—충분히 간파할 정도로—점철되었다는 것이다. 그러나 족내 식인은 완전히 제쳐두고라도 '족외 식인'(외지인을 먹는 것) 풍습은 전적으로 확실히, 일부는 20세기 중반까지도 목격자들에 의해 사실임이 확인되었고, 그것도 주로 남미, 중미, 북미, 아프리카, 인도, 인도네시아, 뉴기니의 농경사회 및 고문화 사회에서 행해졌음이 분명하다. 앤틸리스제도에서는 특히 카리브족이 족외 식인에 빠져 있었는데, 스페인인들이 이 종족의 이름을 카니발Canibal (사육제를 뜻하는 카니발은 carnival 임-편집자 주)이라고 보고했고 이 부족과 식인 풍습을 결부시키면서 '카니발리즘(식인 풍습)'이란 용어가 생겼다.

그런데 이런 특별한 종류의 식량 공급이 갖는 두 가지 동기를 구분해야 한다. 모든 시대 모든 문화에서 나타났던, 지극히 궁핍한 상황에서 식인을 했던 극히 드문 경우를 제외하고 인육은 종교적 이유에서 제의 때 먹거나 인간 사냥이나 전쟁과 관련하여, 승자들의 주장대로, 적에게 굴욕을 안기거나 복수하기 위해 먹었다. 의식상의 식인은 가령 재배식물로 체화한 신의 자식을 신화상 최초로 살해한 일을 격식을 갖추어, 흔히 매우 엄숙하게 추모하는 대규모 축제의 일환으로 행해졌다. 때때로 희생제물—주로 전쟁포로들—을 이미 앞에서 언급한 곰 숭배의 예처럼 가둬두고 본격적으로 비육하곤 했다.

가끔 책에서 볼 수 있듯이 식인 풍습은 절망적인 위기 상황에서의 식인만 제외하고는 영양생리학적으로 이유가 규명되지 않았다. 인육 전체 혹은 특정 부위(팔, 목덜미, 혀)와 장기(뇌, 심장)를 삶거나 구워서 먹었으며, 족내 식인의 경우에는 이따금 다른 먹거리, 이를테면 돼지고기(뉴기니)와 함께 먹었다. 종교적 관습에 따라 먹도록 지시된 것을 축제 참가자들이 못마땅해 할 때가 자주 있었기 때문이다. '식도락적 식인 풍습'은 거의 없었다. 혹시 있었다는 주장이 나온다면 거의 '날조'라고 보면 된다.

고문화 사회, 다시 말해 신분별로 계층이 나뉜 사회가 등장하면서 사회 내의 음식과 식습관도 분화하기 시작했다. 상위 계층은 하위 계층의 사람들보다 더 고급스럽고 '개화된' 음식을 먹었다. 고대 지중해 국가들에서 주민 대부분은 예전과 다름없이 빵, 곡물죽, 생선, 양파 및 계절 야채, 과일을 주로 먹고살았고, 여기에 동쪽에서는 대추, 서쪽에서는 올리브를 풍부하게 먹었다. 상류층, 특히 궁정에서는 식사 때 여러 코스와 양질의 음식뿐만 아니라 아주 다양한 요리와 특별한 별미를 향유할 수 있었다. 중국에서는 상왕조(기원전 1339~1281) 때 4,000여 명의 궁정

하인들 가운데 거의 60퍼센트가 주방 담당이었다. 매일 162명이—일정한 영양섭취기준에 따라—식단을 짰고 128명의 '수석 요리사'가 왕실 가족이 먹을 요리를 준비했으며, 또 128명이 손님과 궁정 축제 참가자들을 위해 요리했고, 335명이 채소 요리를, 70명이 고기 요리를, 24명이 가금류와 생선을, 62명이 절임과 소스를, 94명이 얼음을, 170명이 술과 기타 음료를 전문적으로 담당했다. 그후에도 이를테면 명나라(1368~1643) 때에는 궁전 주방에만 3,000명 내지 6,000명의 하인들이 소속되어 있었다. 마르코 폴로(1254~1324)처럼 중국을 여행했던 유럽인들은 항상 그 나라의 요리법에 극도로 경탄했다.

중국 요리는 확실히 거대 제국의 지방별로 극히 다양한 전통을 활용했다. 게다가 유구하고 대체로 **연속적인** 역사는 전통의 완성과 '규범화'에 기여했다. 반면에 동서 지중해권의 고대 고문화는 끊임없이 바뀌는 영향들에 노출되어 있었다. 전쟁, 인종 및 제국의 중첩, 특히 외교와 성지 순례, 무역이 지식, 생산 기술, 무기체계, 유행 그리고 **요리법**의 교환을 유발했다. 늦어도 다민족 국가인 로마 제국 시대에 명백한 요리의—고급 요리만이긴 하지만—국제화가 시작되었다. '이국' 음식 중에서는 카르타고의 '포에니 죽*puls Punica*' 등이 폭넓은 인기를 누렸다. 그리스에는 삶은 고기와 빵가루, 프리지아산 치즈, 서양자초, 맛있는 육수로 만든 스튜 '칸다우로스'가 리디아에서 소개되었다. 그러나 주로 향토 먹거리를 먹었다. 긴 교역로 때문에 북아프리카와 페르시아산 향료용 허브와 동아시아산 생강, 소두구, 후추처럼 잘 상하지 않는 제품, 그 외에는 일부 경질 치즈와 와인만이 수입될 수 있었다. 변방에 파견된 로마의 군인, 행정관리, 상인들은 역시 부패 문제 때문에 그 지방에 흔한 음식으로 만족할 수밖에 없었고, 덕분에 다양한 자극을 받고 고향 이탈리아에 돌아와 그 맛을 되살려 자신과 다른 사람들의 미각을 호강시킬 수 있었다. 부자들은 스페인, 소아시아, 시리아, 이집트 등지에서 요리사를 데려왔고, 이들은 향토 요리가 세련되고 다양하며 풍부해지는 데 막대한 기여를 했다.

그렇게 상류사회에서 차츰 특별한 미식 문화가 형성되었고 과도하게 발전하는 바람에 결국 당국이 '반 사치법'을 발효하게 되었다. 부유한 로마인들은 양어 사업을 하고 인공 모래톱*ostrearia*에서 굴을 양식했으며 토끼를 키우고 말린 무화과로 돼지를 비육했다. 돼지의 경우 고기가 전부가 아니었다. 로마인들은 젖퉁이, 간, 신장, 위도 먹었고 전부 정선된 방법으로 조리했다. 위를 예로 들어보면 씻어서 우선 소금과 와인식초로 안쪽을 문질러 닦고는 속을 채웠다. 새끼돼지 요리법은 적어도 열다섯 가지가 있었다. 큰동면쥐*Glis glis*는 아주 특별한 별미였는데, 늦어도 2세기부터 큰동면쥐의 자연적 생활조건을 되도록 비슷하게 모방한 미니어처 사육장*gliraria*에서 이 동물을 길렀고 호두, 도토리, 밤을 섞은 사료로 비육했다. 큰동면쥐는 따로 먹지 않았고, 잘게 다진 돼지고기, 잣과 섞고 후추와 허브로 양념해서는 작은 오븐에 집어넣고 한동안 익혔다. 앞에서 이미 로마 사제회의의 호화로운 연회에 대해 상세하게 언급했다.

로마의 호사스런 식사 풍습은 로마가 요리 분야에서도 발전의 정점에 이르렀다는 인상을 불러일으킬 수 있었다. 그리스의 작가이자 '음식학자'인 나우크라티스의 아테나이오스는 이집트에서 그런 생각에 몰두했다(3세기). 그는 저서 『학자의 향연*Deipnosophistai*』에서 무엇보다도 요리기술 덕분에 인류가 식인 풍습의 야만이라는 저지에서 로마 문명이라는 언덕으로까지 올라갈 수 있었다는 전적으로 동의할 수만은 없는 명제를 내세웠다. 그의 생각은 다음과 같았다.

식인 풍습과 다른 수많은 악이 팽배했을 때, 어떤 — 전혀 어리석지 않은 — 남자가 나타나서 처음으로 희생제물용 고기를 굽기 시작했다. 그런데 구운 고기가 (날) 인육보다 훨씬 맛이 좋았기 때문에 사람들은 서로 잡아먹는 일을 그만두었고 그때부터 봉헌된 동물을 굽게 되었다. 이 유쾌한 경험으로부터 배워 계속해서 실험을 한 끝에 요리기술을 발견하게 되었다. 그런 까닭에 오늘날에도 특히 전통에 충실한 동시대인들은 신들에게 바치는 동물의 장기들을 소금을 치지 않고

탁 트인 불에서 굽곤 하는데, 그 이유는 초기에는 소금을 치지 않았기 때문이다. 그러나 나중에 미각이 점차 민감해지면서 소금을 치게 되었다. 그래서 우리 조상들의 이런 존경할 만한 풍속을 추모하여 제사 음식에 소금을 치는 것을 고수하는 사람들도 있다. 그리고 이런 시초들로부터 우리 모두의 구원 *soteria*이 이루어졌다. 양념의 도움으로 요리기술이 개량되면서 생활방식이 세련되어졌다.

어느 정도 세월이 흐른 후에 결국 소시지 제조에 성공했다. 소시지를 발명한 사람은 염소를 삶아서 조각조각 자른 후 거기에 단 음식, 그리고 눈에는 보이지 않지만 아주 능숙하게 생선을 섞고 마지막으로 야채와 소금에 푹 절인 생선, 거칠게 빻은 곡물, 꿀을 첨가해 전체를 완성했다. 그리고 모든 사람이 죽은 사람 고기를 먹는 것을 그만두었을 때 그들 내면에서, 내가 지금 말하고 있는, 음식의 향유 때문에 함께 살고자 하는 소망이 강해졌고, 곧 최초의 지역 공동체가, 이윽고 — 이미 말했듯이 전부 요리기술 덕분이다! — 온전한 도시가 탄생했다.

중세에는 교역의 중심축이 압바스 왕조(750~1258)의 수도인 바그다드로 옮겨갔다. 권력자와 부자들의 요리는 로마 비잔틴과 페르시아 궁정의 전통에서 배웠고, 중국, 인도, 시리아, 이집트, 러시아에서 수입해온 사치품을 통해 세련미를 더했다. 일부 칼리프들은 명망 있는 인도인 요리사를 고용했다.

당시만 해도 세계 역사의 변방에 위치했던 유럽에서는 처음에는 훨씬 소박하게 먹었다. 비록 궁정에서는 농부와 시민들보다 더 풍성하게 먹고 뛰어난 음식을 향유할 수 있었지만 여기에서도 주로 향토 재료로 음식을 만들었다. 어쨌든 상류층의 요리는 각각 최소한 열 가지 요리를 갖춘 두서너 코스로 구성되었는데, 일부는 시고 일부는 맵거나 달았으며 삶은 요리, 구운 요리, 볶은 요리로 번갈아 가며 이루어졌다. 그러나 이미 15세기부터 어느 정도의 '국제적 요리'가 식탁에 활기를 주었다. 예를 들어 헝가리와 보헤미아 음식이, 그 얼마 후에는 '폴란드식 강꼬치고기'가 특히 인기를 누렸다. 유럽 전역에서, 앞에서 말한 바 있는, 독일에서 유래한 '흰음식'과 **오야 포드리다**Olla podrida라는 스페인 중산층의 '국민 수프'가 거의 비슷한 정도로 특별한 음식이 되었다. 오야 포드리다는 원산지에서는 양배추, 파, 당근, 양파, 호박, 돼지고기, 양고기, 송아지고기 및 충분한 비계를 넣어 만들었고 여기에 식초와 기름을 섞고 마늘과 후추로 양념했다.

그러나—적어도 더 분별 있는—농가에서 무조건 궁핍하게 지낸 것은 아니었다. 지금까지 보존된 16세기의 식단에 따르면 단식일에조차 한 끼 식사가 다음과 같은 코스로 구성될 수 있었다. 1. 완숙한 달걀로 장식한 흰양배추 샐러드와 생선튀김, 이어서 양파를 넣은 헝가리식 치즈수프와 막 삶은 달걀. 2. 절인 검은 잉어. 3. 생선구이나 다진 무를 곁들인 야채. 4. 양파를 곁들인 절인 청어. 5. 자우어크라우트(양배추절임김치)를 곁들인 따뜻한 완두. 6. 양파, 우유, 버터를 넣고 끓인 고운 흰색의 건대구. 7. 구이, 케이크, 홀히페(둘둘 말은 납작한 케이크), 납작한 미니 케이크, 과일, 견과, 치즈 한 접시. 부르주아 가정은 적절히 고상하게 '단식'하곤 했다. 이보다 후인 19세기 중반 무렵에 발간된 바이에른 지방 요리책은 12인용의 사순절 음식으로 다음과 같은 여덟 코스로 된 메뉴를 추천하고 있다. 1. 달팽이 수프나 생선 경단 수프, 이어서 식초와 기름에 푹 찐 생선. 2. 게와 생선 파이 또는 생선 크로켓. 3. 건대구를 곁들인 자우어크라우트 또는 스크램블드에그를 곁들인 시금치. 4. 녹인 버터를 부은 국수나 소금을 친 게를 곁들인 검은 잉어, 그 다음으로 푸딩. 5. 바닐라 소스를 뿌린 찐 국수 또는 빵. 잼, 샤토 소스로 변화를 줌. 6. 아무 방법으로나 구운 생선과 구운 개구리 뒷다리, 곁들임 샐러드. 7. 가재찜. 8. 후식: 아몬드 케이크나 과일 케이크, 초콜릿 크림, 작은 초콜릿. 이 메뉴의 거의 모든 음식을 향토 재료로 만들 수 있었다. 후에 일요일에는 육류, 토요일에는 스튜, 금요일에는 생선을 먹는 규칙이 일상적이 된 것을 생각해 보면 잘 살게 되면서 오히려 간소하게 먹게 된 것 같다.

이미 그보다 몇 세기 전에 귀향하는 십자군들과 함께

동양 진미의 숨결이 유럽의 잘 차려진 식탁에 올라왔다. 곧 베니스와 제노바의 융성하는 동방무역 덕분에 이국의 향신료들이 도입되었다. 라이프치히에서 나온 수도원 요리책에서는 특히 원래 이 향신료들이 '유래한' 곳의 요리법을 몇 가지 소개하고 있다.

부유한 이슬람 국가들과는 달리 서양에는 적어도 요리의 오아시스들이 있었고, 거기서 최소한 로마 요리의 전통 몇 가지가 예부터 계속 보존되었다. 주로 귀족 출신 중에서 수도원장을 뽑는 수도원들은 세속적 식사의 즐거움을 결코 혐오하지 않았다. 비록 누르시아 출신의 성 베네딕투스(480~547경)가 저 유명한 수도회 회칙에서 목구멍과 위胃에도 좁은 한계를 두긴 했지만, 그럼에도 수도사들에게는 매 끼니마다 최고 세 가지 요리를 허용했다. 게다가 그 회칙들은 수도원의 은거생활 덕에 충분히 발휘할 수 있는 상상력만 조금 동원하면 융통성 있게 해석하고 매력적인 대안들로 확대할 수 있었다. 예를 들어 육류 금지는 더 정교한 야채와 생선 요리를 탄생시켰다. 그 밖에도 달걀과 치즈를, 일부는 다양한 방법으로 변화를 주고 섞어서 먹었고, 물이나 과일주스가 아니라 맥주와 와인을 마시고 일요일에는 꿀술을 마셨다. 대부분의 수도원들이 직접 포도를 재배하고 맥주를 양조하고 가축을 사육했고 대규모 채소밭, 허브 밭, 과수원을 소유하여 상황에 따라 사과, 배, 자두, 모과 외에 밤, 헤이즐넛, 호두, 아몬드, 무화과 같은 것도 재배했다. 그러니까 사실상 부족한 게 별로 없었다.

물론 그것이 전적으로 교회의 뜻은 아니었다. 시토회의 설립자인 클레르보의 베르나르두스(1091~1153)를 비롯해 많은 성인들이 수도원의 음식문화도 공공연하게 비난했다. 예를 들어 베르나르두스는 그의 저서 『기욤에 대한 변명Apologia ad Guillelmum』에서 "왜냐하면, 달걀만 해도—다른 것들은 말할 것도 없고—얼마나 많은 방식으로 돌려지고 괴로움을 당하는지, 얼마나 힘들여 서로에게서 떨어지고 맞고 묽게 또는 단단하게 만들어지고 작아지고 어떨 때는 구워지고 어떨 때는 삶아지고 어떨 때는 속이 채워지고 어떨 때는 섞어서 또는 따로 상에 오르는지 누가 말할 수 있는가?"라고 조롱했다. 특히 부유한 수도원에서는 매일 식사가 족히 5,000~6,000칼로리를 함유했다고 계산되었다.

그러니까 귀족들, 특히 왕들이 실컷 호강하려고 기꺼이 수도원에 들렀다는 사실은 놀랄 일이 아니다. 프랑스 루이 15세(재위 1226~1270)가 상스의 작은형제회 수도원을 방문했을 때, '성인'에게는 동행자가 보고하고 있듯이, "우선 버찌가, 그러고 나서 눈처럼 하얀 빵"이 대접되었다. "그런 다음 우리는 우유에 삶은 어린 콩, 생선과 가재, 뱀장어 파이, 아몬드 우유와 다진 계피를 곁들인 쌀밥, 맛있는 소스를 뿌린 뱀장어, 케이크, 커드 치즈를 대접받았다. 그리고 보통 과일들도 푸짐하고 품위에 맞게 대접받았다." 그러므로 적어도 수도원은 오랜 수련 덕분에 일에 확실히 능수능란한 요리사를 거느리고 있어야만 했다.

'**오트퀴진**'(고급요리라는 뜻-옮긴이 주)은 근대까지 소수의 고문화 중심지에만 제한되어 있었다. 즉 중국, 고대 로마, 지중해의 이슬람 칼리프왕국과 대략 르네상스 이후의 프랑스 등이다. 그리고 남자들이 결정적인 몫을 담당했다. 왜냐하면 고대부터 군주들이나 부유한 귀족, 명문가 시민들은 로마에서 그랬듯이 부엌을 오로지 전속 '요리사'에게만 맡기곤 했기 때문이다. 아프리카의 종교적 왕국에서만 오로지 군주의 아내들이 남편의 식사를 준비해도 되었다.

이로써 최초의 유명한 요리책들이 남자들―학식 높은 미식가들, 궁중 요리사, 그리고 좋은 요리를 항상 식이요법상의 관점과 결부시킨 의사들―에 의해 저술되었고, 현명하게도 이 책들에 재료의 양과 비율, 삶고 굽는 시간 등에 관한 정보가 별로 자세히 실려 있지 않다는 점이 설명이 된다. 왜냐하면 오늘날에도 여전히 창조적이고 노련한 남녀 요리사들이 그렇듯이 자기 요리법의 비밀이 지켜지거나 오직 제자들에게만 전수되는 것을 중요하게 여겼기 때문이다. 아테나이오스 얘기는 앞에서 이미 했다. 그는 나름대로 이미 오래된 문헌, 특히 플라톤도 언급한 바 있는 미타이코스라는 자의―높이 평가되었지만 사라진―시칠리아 요리기술에 관한 저작과 시칠리아 섬 젤라 출신의 아르케스트라토스(기원전 4세기)의 『요리학Gastrologia』을 참조했다. 『요리학』은 편하게 수다 떠는 투로 당시 알려진 세계 여러 나라의 맛있는 요리들을 서술한 서사적 형식의 시였다. 저자는 오직 이 책을 위해서 장거리여행을 했다. 킨투스 엔니우스(기원전 239~169)가 약 백 년 뒤에 이 책을 라틴어로 옮겼음에도 불구하고 몇 부분의 큰 단편만 남아있을 뿐이다. 중세까지 계속 더 많은 영향을 끼쳤던 것은 로마에서 악명 높았던 미식가 마르쿠스 가비우스 아피키우스(1세기)의 저작 『요리법De re coquinaria』으로, 이 책은 식품 종류와 요리에 따라 요리법을 정리, 집대성했고 소스에 관한 특별 논문도 들어있다. 그 후에 거듭해서 개정되고 보충되었기 때문에 후기의 여러 판본으로만 보존되어 있다.

중국에서는 당나라(618~906) 때 나온 최초의 요리책들이 전해졌다. 그러나 이 책들 역시 옛날 원서들을 바탕으로 한 것이 분명하다. 이미 앞에서 말했듯이 중국 요리지침에서는 의학적 관점이 주를 이루었다. 건강하고 '올바른' 식생활을 위한 권고들이 주요 내용이었다. 중세 전성기 이슬람권의 요리기술에 관한 수많은 저작들 역시 이와 비슷했다.

라베나에서 테오도리쿠스 대제(재위 471~526)의 궁정의 사였던 그리스인 안티모스가 집필한 『올바른 영양섭취법 De observatione ciborum』이란 요리책 제목 역시 같은 의도를

1563년에 발간된 독일 요리책의 표지.

요리책들은 고대에 이미 부유한 미식가나 군주들을 위해 편찬되었고, 중세에 장거리 교역이 발생하면서 중국과 근동, 유럽에서 비슷하게 특수한 전성기를 누렸다. 저자들은 처음에는 의사, 약제사, 궁정 요리사, 수도사들이었지만 대략 중세 후기부터 중상류층의 숙녀들도 이 대열에 합류했다.

드러낸다. 앞에서 이미 프랑크족 귀족층에서 고기 섭취에 부여했던 의미와 관련하여 이 저작을 인용했다. 14, 15세기부터 유럽에서는 점점 더 많은 요리책이나 '요리기술대전'이 출판되었다. 유명한 예는 일명 타이유방이라 불렸고 프랑스 샤를 5세(재위 1364~1380)의 궁정 요리사였던 기욤 티렐이 1370년경에 펴낸 『고기 요리사 Viandier』이다. 그러나 이 시기에 나온 대부분의 옛날 요리책들은 수도사들이 냈는데, 여기에는 다 그럴 만한 이유가 있었다. 그 밖에도 이 요리책들은 글을 읽을 줄 아는 계층, 다시 말해서 여자들 중에서는 오로지 귀족과 중상류층 시민계급의 숙녀들이 대상이었다. 그런 여자들은 곧 최초의 여성 요리책 저자로 등장했다.

일반적인 요리책 외에 이를테면 생선과 채소 요리, 초콜릿과 소스 조리법을 다루거나 허브 관련 지식을 소재로 하는 특수 요리책들도 이미 일찍부터 편찬되었다. 말하자면 '화학'이 당시 이미 중요했다. 오래된 요리책들에는 식초와 식용 색소 제조법 같은 것이 실려 있었다. 전문적인 '식품 수공업자들'은 제빵업자, 도축업자, 맥주, 꿀술, 식초 양조업자들에게 납품했다. 렙쿠헨 제조자는 각자 자기만의 요리법에 따라 꿀 케이크나 렙쿠헨을 만들었고, 약제사는 약 종류 외에도 초콜릿과 향료를 친 와인을 제조했다.

'발견의 시대'가 시작되고 있었다. 해외교역은 새로운 규모를 갖게 되었다. 이와 더불어 더 많은 이국의 향신료뿐만 아니라 새 채소, 과일, 곡물 및 감자, 토마토, 파세올루스 *Phaseolus* 속屬의 콩들, 호박, 옥수수, 쌀, 카카오 열매, 차, 담배 같은 기호식품이 유럽에 진출했다. 그중 상당수가 향토 식습관에 변혁을 가져왔다. '독일 국가들'에서 지역별로 그 많은 감자 요리나 이탈리아 요리에서 토마토의 역할, 또는 영국에서 차가 갖는 중요성을 한 번 생각해 보라.

'발견'에 이어 식민주의가 뒤따랐다. 식민주의와 더불어 해외의 '소유지'에 유럽의 식사와 음주 관습이 침투하였고, 이로 인해 일부 토착민들에게는 그들의 생태 환경, 식생활과 종교적 관념체계가 흔들리는 심각한 결과를 가져왔다. 오스트레일리아의 에보리진은 깡통에 든 콘비프를 먹기 시작했다. 파푸아뉴기니의 원주민들은 정어리 통조림을 즐겨 먹었다. 어머니들은 젖먹이에게 분유를 타 먹였다. 남자들은 '화주'에 중독되었고, 설탕은 점차 모든 사람의 치아를 망가뜨렸다. 수입품에 길들여지면서 예전의 먹거리, 특히 채집식품은 잊혀지거나 곤궁한 시기에 어쩔 수 없이 먹는 비상식량으로 전락했다.

반면에 서방 도시들의 요리 지도에는 점점 외국 요리를 갖춘 식민지들이 뚫고 들어오고, 굳이 어디로 떠나지 않고도 요리 여행이 가능해진다. 유럽에서는 이제 사실상 세계 모든 지역의 음식이 제공된다. 소도시에서조차 중국, 세르비아, 그리스, 이탈리아, 태국 음식을 먹을 수 있고, 일부에서는 '폴리네시아', 모로코, 심지어 에리트레이 음식까지 먹을 수 있다. 그러나 바덴 뷔르템베르크 주를 제외하고는 옛날의 토속적 향토요리를 내놓는 식당은 거의 없다. 레스토랑이나 비행기, 구내식당의 식단표는 '국제적 요리'를 약속하는데, 이는 일종의 통합 요리로서 그 기본 바탕Basso continuo은 감자, 당근, 샐러드, 다양한 커틀릿 종류('사냥꾼 커틀릿'!)이다.

그러나 우리가 '국제' 및 '국내' 요리로 이루어진 다양성을 누린다는 생각은 심각한 착각이다. 모든 식당과 고급 레스토랑에서 이미 오래 전에 패스트푸드 재앙이 잠재적으로 시작되었다. 많은 것이 부엌에 도착하기 전에 화학 제조실험실을 거치고, 염색되고, 쉽게 상하지 않고 '맛있게' 만들어졌다. 사생활에서도 차이가 없어 보인다. 식료품 가게의 선반에는 거의 예외 없이 '미리 만들어진 음식'이 진열되어 있다. 물론 여기에는 확실한 시장경제적 이유가 있다. 그러나 **문화사적** 징후도 있다. 많은 음식학자들이 여기서 근대 자유의 이상이 실현되었다고 본다. 우리는 언제나 어디에 있건 혼자서 또는 남들과 함께 입맛이 당기는 것을 먹을 수 있다. 비판가들은 이를 '위장의 아노미Gastroanomie'라고 말한다. 점점 늘어가는 산업적 식품생산 때문에 건강만 위태로워지는 게 아니라 먹고 마시는 것이 공동체를 장려하는 **사회적** 의미를 점차 상실해 간다는 것이다.

  화덕 대신에 전자레인지, 부엌 대신에 실험실과 제조공장. 세계화는 고르곤 머리를 집 식당과 레스토랑의 식탁 위로 드러내기 시작한다. 그 안에서 요리의 축복을 보기란 누구에게도 쉽지 않다. 용이 최후의 날에 불과 유황 대신에 전면적인 **맥도널드화化**로 이 세상을 덮치지 않을까? 그러면 우리 모두 확실히 세계화된 미각으로 햄버거를 먹고 **코카콜라**를 마시게 될까? 정말이지 묵시론적 상상이다! 필자는 그것보다는 계속해서 **단호하게** 시금치와 달걀 프라이를 곁들인 감자요리를 선호하리라.

| 참고문헌 |

- Arnott, Margaret L. (Hg.): Gastronomy: the anthropology of food and food habits. The Hague 1975.
- Brothwell, Patricia & Don R. Brothwell: Manna und Hirse: eine Kulturgeschichte der Ernährung. Mainz 1984.
- Caplan, Pat: Feasts, fasts, famine: food for thought. Oxford 1994.
- Farb, Peter & George Armelagos: Consuming passions: the anthropology of eating. Boston 1980.
- Fenton, Alexander & Trefor M. Owen (Hg.): Food in perspective. Edinburgh 1981.
- Goody, Jack: Cooking, cuisine and class: a study in comparative sociology. Cambridge 1982.
- Harris, Marvin: Wohlgeschmack und Widerwillen: die Rätsel der Nahrungstabus. Stuttgart 1989.
- Josuttis, Manfred & Gerhard Marcel (Hg.): Das heilige Essen: kulturwissenschaftliche Beiträge zum Verständnis des Abendmahls. Stuttgart 1980.
- Montanari, Massimo: Der Hunger und der Überfluß : Kulturgeschichte der Ernährung in Europa. München 1999.
- Paczensky, Gert von & Anna Dünnebier: Leere Töpfe, volle Töpfe: die Kulturgeschichte des Essens und Trinkens. München 1994.
- Teuteberg, Hans J. & Günther Wiegelmann: Unsere tägliche Kost: Geschichte und regionale Prägung. Münster 1986.
- Wiegelmann, Günther & Ruth-E. Mohrmann (Hg.): Nahrung und Tischkultur im Hanseraum. Münster 1996.
- Wiswe, Hans: Kulturgeschichte der Kochkunst: Kochbücher und Rezepte aus zwei Jahrtausenden. München 1970.

| 그림출처 |

- 12쪽. 출처 | Universum der Kunst, Frühzeit des Menschen. Denis Vialou 작. München 1992, p.110.
- 16쪽. 출처 | Maguelonne Toussaint-Samat, Histoire naturelle et morale de la nourriture, Paris 1987, p.26.
- 23쪽. 사진 | Anthony Bannister, Gallo Images/Corbis.
- 28쪽. 사진 | Klaus E. Müller.
- 38쪽. 사진 | Andrea Bühler.
- 45쪽. 사진 | Jürgen Wasim Frembgen.
- 87쪽. 사진 | Leopold von Schrenck, Reisen und Forschungen im Amur-Lande in den Jahren 1854-1856. Bd. III 2, Tafel 49, St. Petersburg 1895.

옮긴이 **조경수**

연세대학교 독문학과와 한국외국어대학교 통역대학원을 졸업했으며, 현재 전문번역가로 일하고 있다. 옮긴 책으로 『왜 사랑인 줄 몰랐을까』, 『발칙하고 통쾌한 교사 비판서』, 『마음의 땅, 보이지 않는 자들』, 『우리 시대의 아이』 등이 있다.

넥타르와 암브로시아 Nektar und Ambrosia
먹고 마시는 것에 관한 인류학적 기원

초판 2쇄 2007년 4월 15일

지은이 | 클라우스 E. 뮐러
옮긴이 | 조경수

펴낸이 | 박경주
펴낸곳 | 안티쿠스
인쇄 | (주) 타라티피에스

출판등록 | 제300-2006-00133호(2006년 9월 20일)
주소 | 서울시 종로구 수송동 58번지 두산위브 파빌리온 오피스텔 932호
전화 | 02-723-1835   팩스 | 02-723-1834
홈페이지 | www.antiquus.co.kr

한국어 판권 ⓒ 2007 안티쿠스

값은 뒤표지에 있습니다.
이 책의 무단 전재 및 복제를 금합니다.

ISBN 978-89-958689-2-8 03900